Liebe Eltern,

verzweifeln Sie auch manchmal, wenn Ihr ADS-Kind Hausaufgaben erledigen und noch zusätzlich üben soll? Trödelt oder diskutiert Ihr Kind endlos über das Wenn und Aber von Hausaufgaben, anstatt direkt anzufangen, Aufgabenstellung zu lesen und sich Lösungen zu überlegen? Dann geht es Ihnen so, wie den meisten Eltern von ADS-Kindern, die noch keine Lernstrategien und Arbeitstechniken trainiert haben.

Ich möchte Ihnen in diesem 2. Band die TopTipps zum Lerncoaching aufzeigen, damit auch Ihr Kind, seine Cleverness für Problemlösungen einsetzt, Motzgedanken stoppen lernt und wieder mehr Freizeit gewinnt.

Nutzen Sie die Erkenntnisse aus den Neurowissenschaften, um Probleme zu minimieren und Energien auf wünschenswerte Prozesse zu richten.

Systematisches Erledigen von Aufgaben ist sinnvolles Neuro-Jogging und unterstützt das schnelle Wiederabrufen von Gelerntem. Blockaden bei Arbeiten und Versagensängste werden verhindert. Erfolg und Anerkennung begeistern Ihr Kind und sorgen für bleibende Lernmotivation und gutes Selbstbewusstsein. Helfen Sie Ihrem Kind zunächst dabei, viele Glücksmomente zu erleben.

Am besten fangen Sie direkt heute mit einigen Tipps für effizientes Lernen an. Je früher Lernstrategien trainiert werden, umso schneller wird Ihr Kind sie automatisieren und selbständig anwenden.

Dr. Elisabeth Aust-Claus

ADS. Die TopTipps für Eltern

Coaching bei Hausaufgaben – der Weg zum selbstständigen Lernen

1 Hausaufgaben erledigen: Stress für Eltern und Kind?

Hier erfahren Sie:

>> Wie erleben Eltern Lernsituationen?

>> Wie erleben ADS-Kinder den Job „Hausaufgaben erledigen"?

>> Kleiner Check: Was klappt gut? Was soll noch optimiert werden?

Jeden Tag Frust und Ärger bei den Hausaufgaben?

1.1. Wie erleben Eltern Lernsituationen?

Die Schule beherrscht in vielen Familien den Alltag. Sie diktiert nicht nur den Tagesablauf, sondern ist ständiger Anlass für Streit und Frust. Besonders in Familien mit einem ADS-Kind gibt es jede Menge Ärger um Noten, Klassenarbeiten und Hausaufgaben.

>> **Die Mutter von Max erzählt:**

Nach dem Mittagessen soll es eigentlich losgehen. Wieder 10 Aufforderungen, wieder Verzögerungstaktiken, wieder muss telefoniert werden, weil Max nicht genau weiß, was er auf hat. Mit jedem Rufen nach Max wird die Stimme schon lauter und der Ton gereizter. Wenn er dann endlich am Tisch sitzt, diskutiert er, findet alles zuviel, ungerecht und kommentiert ohne überhaupt die Aufgabe zu lesen: „Weiß ich nicht". Erklärungen mag er nicht, eigentlich nur Ergebnisse, die er schnell hinschreiben kann. Denkt er überhaupt mit? Lässt er sich alles nur vorbeten, um nichts selbst machen zu müssen? An manchen Tagen klappt es einigermaßen – nur warum nicht immer? Warum muss ich eigentlich alles erklären, ist das nicht die Aufgabe der Lehrerin? Wenn er 3 Aufgaben lösen konnte, ist es doch nicht zuviel verlangt, dass er alleine weiterarbeitet? Aber nichts – sobald ich aus dem Zimmer gehe, blättert er in seinem Mickey-Mouse-Heft oder muss dringend etwas bei seiner Schwester holen...

Es ist jeden Tag ein Kampf, der uns beide fertig macht. Es gibt zum Schluss nur noch Schreierei, manchmal totale Ausraster.

Auch die Ermahnungen der Lehrerin bringen Max nicht zur Einsicht. Sie scheinen nur mich zu stressen.

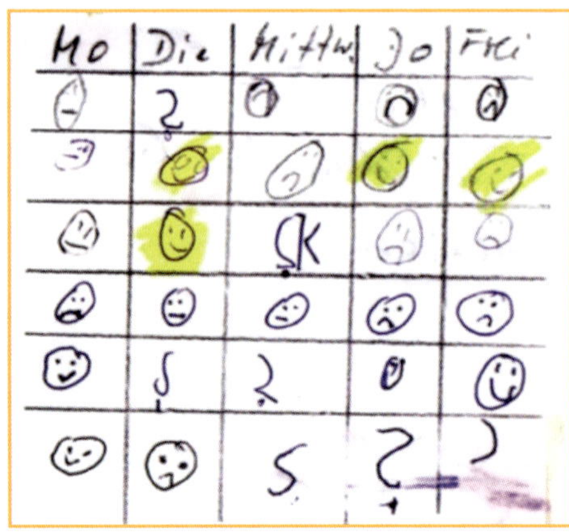

>> **Frau Krause, die Lehrerin von Max, bemängelt:**
...Am Beginn einer schriftlichen Arbeit stand sehr oft die Suche nach seinen Arbeitsmaterialien, die ihm häufig fehlten oder die er nicht fand. Im Beobachtungszeitraum vom November bis Juni ließen sich Lücken in der Leistung erkennen. Alle schriftlichen Aufgaben erledigt er nachlässig, oft unvollständig und fehlerhaft. Max schreibt viele Buchstaben nicht formgetreu und lesbar. Er muss mehr üben und die fehlenden Arbeitsblätter nacharbeiten.
...Für nicht erledigte Hausaufgaben erfand er vielfältige Ausreden. Durch seine mangelnde Selbstständigkeit konnte er häufig Aufgaben nicht zu Ende arbeiten, so dass ihm im Laufe der Zeit doch vieles an Übung fehlte. Die Leistungen im Fach Deutsch, die Max jetzt am Ende des 2.Schuljahres zeigt, werden voraussichtlich nicht ausreichen, um im 3. Schuljahr erfolgreich mitarbeiten zu können.

Max hat nicht nur ADS vom Mischtyp, sondern auch erhebliche Schulleistungsprobleme und Frustrationen.

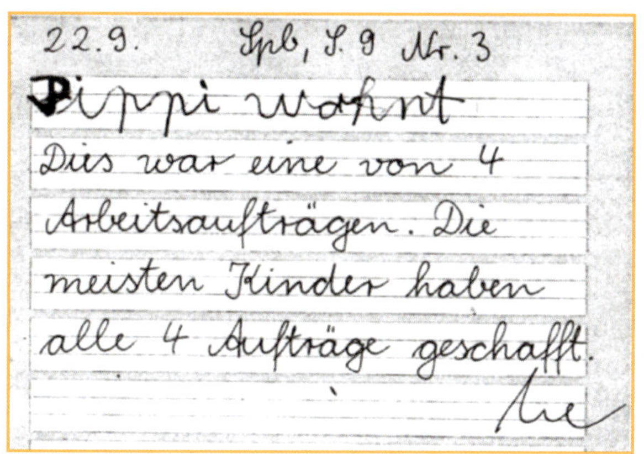

22.9. Spb, S. 9 Nr. 3

Pippi wohnt

Dies war eine von 4 Arbeitsaufträgen. Die meisten Kinder haben alle 4 Aufträge geschafft.

>> **Mutter von Jule:**

Also bis Jule überhaupt mit dem Essen fertig wird, dann ihren Ranzen geholt hat, sie das richtige Buch und Heft findet... Sie trödelt, schaut Löcher in die Luft, weint und weiß überhaupt nicht, wie und was sie eigentlich machen soll. Gestern habe ich ihr erst erklärt, wie die Subtraktion über den 10er geht, heute hat sie es schon wieder vergessen. Zuhören kann sie nur ein paar Minuten, dann erzählt sie irgendetwas anderes. Hausaufgaben ziehen sich oft 3 Stunden hin, wenn sie dann noch üben soll, gibt es nur noch Tränen. Es geht dann nichts mehr. Behalten kann sie Gelerntes auch nicht. Ihr Gehirn scheint wie ein Sieb zu sein. Und dann sagt die Lehrerin, alle Kinder sollen Hausaufgaben alleine erledigen. Jule könnte dann nie spielen, sie würde den ganzen Nachmittag vor ihren Heften sitzen und hätte trotzdem vieles nicht geschafft. Sie braucht ständig Anschubser von mir, weiter zu machen – sonst ist sie mit ihren Gedanken weit weg in ihrer Phantasiewelt.

Soll das immer so weiter gehen? Das halten wir beide nicht durch!

Jule hat ADS ohne Hyperaktivität und vor jedem Test Versagensängste, weil sie vieles wieder schnell vergisst und zu langsam arbeitet.

Hausaufgaben: auch für Eltern eine Herausforderung

Schule meistern ist anstrengend. Auch für Mamas. Nicht nur bei Max und Jule gibt es fast jeden Nachmittag einen „Hausaufgabenkampf". Im Rahmen des Kinder- und Jugendgesundheitssurvey (KiGGS) beantworteten 2007 Eltern von insgesamt 7569 Jungen und 7267 Mädchen Fragen. Es wurde sehr deutlich, dass ADS eine der häufigsten Störungen im Kindes- und Jugendalter ist und Familien sich sehr belastet fühlen. Darüber gaben 17% aller befragten Eltern an, dass sie ihren Kindern regelmäßig bei Hausaufgaben helfen, obwohl von Lehrern meistens betont wird, dass Schüler diese alleine erledigen sollen.
In der Studie im Rahmen der Evaluierung des ADS-Elterntrainings nach dem OptiMind-Konzept geben sogar 64% der Eltern an, jeden Tag beim Lernen zu helfen und massiv Stress dabei zu haben, weil ihr ADS-Kind unkonzentriert und eigensinnig ist. Es hört nicht zu, wendet Hilfen nicht konsequent an, ist vergesslich, sprunghaft, diskutiert oder träumt. Unterrichtsstoff und Arbeitsblätter müssen oft nachgeholt werden und Referate schreiben die Mütter nach mühsamen Recherchen im Internet oft selbst.

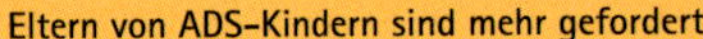

Eltern von ADS-Kindern sind mehr gefordert

Wie oft helfen Sie bei den täglichen Hausaufgaben Ihrer Kinder?
- 17% der Eltern aus der Elternstudie helfen regelmäßig
- 64% der Eltern von ADS-Kindern helfen täglich und es gibt Streit

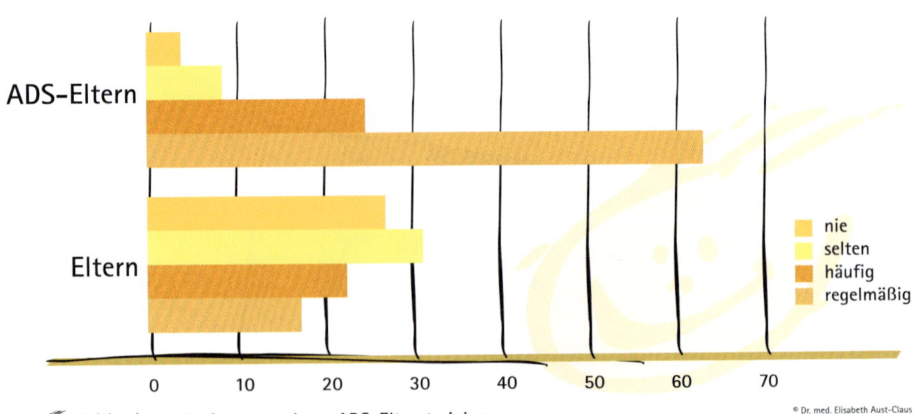

Umfrage vor einem ADS-Elterntraining

Lob für Ihr Engagement?

Eher nein! Im Gegenteil, es kommen oft noch Vorwürfe: „Kein Wunder, dass Max so unselbstständig ist, wenn Sie als Mutter jeden Tag bei den Hausaufgaben daneben sitzen!" Auf jedem Elternabend wird das Motto verkündet: „Hausaufgaben sind für die Kinder da und nicht für die Eltern." Toll, nur was tun, wenn der Job „Hausaufgaben erledigen" so schlecht klappt? Max und Jule alleine lassen? Lernstrategien trainieren sich natürlich so nicht und das 1x1 ist dann bei der Arbeit auch nicht gekonnt. Hausaufgaben nach 40 Minuten abbrechen und das Kind spielen lassen? Was lernt es dann? Sicherlich nicht zügig Aufgabenstellungen richtig lesen und systematisch Lösungen finden. Außerdem wird die Diskrepanz zu seinen Mitschülern in dem Können und schnellen Gebrauch von Gelerntem immer größer.
Um ADS-Kindern beim Lernen gut helfen zu können, müssen Sie zunächst über Besonderheiten von ADS Bescheid wissen. Die Intelligenz der ADS-Kinder entscheidet nicht über den Schulerfolg, sondern wie Ihr Kind seine Fähigkeiten einsetzen lernt. Und dies muss Ihr ADS-Kind mit Ihrer Hilfestellung trainieren. Ohne Lernstrategien und Lernorganisation haben ADS-Kinder schnell Chaos im Kopf, lassen sich ablenken, sehen nicht die wichtigsten Informationen und entscheiden sich dafür, früh aufzugeben oder Anstrengendes erst gar nicht anzufangen.

Problemlösungen suchen und Erfolge schrittweise angehen ist nicht ihre Stärke, aber natürlich ein Ziel. Helfen Sie zunächst mit. Lassen Sie sich nicht durch Tipps verwirren, die Selbstständigkeit und perfektes Beherrschen von Lernstrategien per se voraussetzen. ADS-Kinder können auch selbstständig lernen, wenn sie Techniken automatisiert haben und sich dann gut organisieren, sich Ziele setzen und die Konzentration auf Wichtiges lenken können.

Die Intelligenz der ADS-Kinder entscheidet nicht über den Schulerfolg, sondern wie sie ihre Fähigkeiten einsetzen lernen.

1.2. Wie erleben ADS-Kinder den Job „Hausaufgaben erledigen“?

>> **Max** *hasst Hausaufgaben und das seit dem ersten Tag. Schon wieder lernen und auch noch schreiben – es ist ätzend und Zeit zum Spielen bleibt auch mal wieder nicht. Es gibt fast jeden Tag Streit, weil er nicht ordentlich genug schreiben kann, Fehler macht und wieder eine Bemerkung im Mitteilungsheft steht. Er muss 2 Arbeitsblätter aus dem Unterricht nacharbeiten, weil er nicht fertig geworden ist und geschwätzt hat. Max möchte am liebsten wegfliegen, um nicht ständig jeden Tag dieses Theater zu haben.*

Max möchte fliegen können. Zumindest in der Hausaufgabenzeit.

>> **Viktoria** *hasst alles, was sie nicht selbst bestimmen kann. Sie will Hausaufgaben einfach wegzaubern, auch ihre schimpfende Mutter. Sie macht dann nur, was ihr gefällt: Fernsehen oder raus gehen.*

Ene-mene-mu und weg bist du.

>> **Kai** *und* **Jasmin** *wünschen sich einen Hausaufgaben-Roboter, der diesen unbequemen Job zügig für sie erledigt.*

Mein Wunsch: ein Hausaufgabenroboter.

>> **Paul** *weiß zwar alles über Gartenbau, Tiere und Pflanzen. Aber Deutsch-Hausaufgaben sind ein riesiger Berg, der kaum zu bewältigen ist. Das Ende ist nie in Sicht, da ständig andere Gedanken und Ideen in den Kopf schießen, die sich vordrängeln und auch gedacht werden müssen. Paul hat ADS ohne Hyperaktivität und überhaupt kein Zeitgefühl. Er sitzt oft 3 Stunden an seinem Schreibtisch und denkt vor sich hin, hat aber nichts im Heft stehen. Er hat auch noch keine Idee, Aufgaben Schritt für Schritt zu erledigen. Oft wartet er auf die Lust zum Lernen – nur diese kommt einfach nicht. Er hört dann nur wie im Nebel die Stimme seiner Mutter „Paul, mach doch endlich! Du hast ja immer noch nichts hingeschrieben!"*

Paul und der riesige Berg...

>> **Johannes** *ist sehr impulsiv. Er bekommt sofort Wut, wenn etwas nicht sofort gelingt. Bei Kritik oder Verbesserungsvorschlägen breiten sich Wutgedanken in rasender Geschwindigkeit aus, so dass alle andern Gedanken keinen Platz haben. Es geht dann einfach nichts! Die Wut muss verschwinden...*

Johannes: Ich habe meistens Wut und kann dann nicht mehr denken...

Es wäre nett, wenn diese Wünsche von Max, Viktoria, Kai, Jasmin, Paul und Johannes einfach in Erfüllung gingen. Hausaufgaben wären dann schnell in Hefte und Gehirnwindungen gezaubert. Leider müssen auch ADS-Kinder lernen, dass Hausaufgaben-Erledigen ein Job ist, den man möglichst schnell ohne großen Energieverlust bewältigt. Versprechungen, dass dies immer Spaß macht, sind überzogen. Aber wer Hausaufgaben mit Konzentration und Systematik erledigt, automatisiert Lernprozesse und hat natürlich Erfolg. Und Erfolg macht Spaß. Erfolg ist der Motor für Lernmotivation. Mit einer guten Lernorganisation gewinnt man darüber hinaus eine Menge Freizeit, ohne den lästigen Gedanken im Kopf „Ich müsste eigentlich noch für ...lernen".

Wichtig zu wissen!

Hausaufgabenmanagement und Strategien anwenden, dienen einem Ziel: Lernerfolge ermöglichen und Freizeit gewinnen.

Ideen und Ergebnisse, die nicht wünschenswert sind:

- Hausaufgaben werden nicht erledigt.
- Hausaufgaben werden nur „hingeschmiert" und Ergebnisse nicht überprüft.
- Kampf und Diskussionen regieren die Hausaufgabenzeit.
- Hausaufgaben ziehen sich über den ganzen Nachmittag.
- Ihr Kind denkt nicht selbst über Lösungen nach, sondern möchte Ergebnisse diktiert bekommen.
- Ihr Kind lenkt sich selbst ab, hört während der Hausaufgaben laute Musik, verfasst Antworten im Chatroom oder spielt ständig zwischendurch.

Hausaufgaben als einen Baustein für den Lernerfolg verstehen:

- Hausaufgaben werden vollständig und ordentlich erledigt.
- Hausaufgaben werden als Trainingsrunde genutzt, um Lernstoff zu vertiefen und zu behalten.
- Erklärungen werden aufgenommen und angewandt.
- Hausaufgaben werden nach dem Mittagessen ohne Trödelei zügig erledigt.
- Materialien für den Unterricht werden im Anschluss an die Hausaufgaben sortiert und in den Ranzen gepackt.
- Nach den Hausaufgaben bleibt genügend Freizeit, um Sport zu machen, Freunde zu treffen und Spaß zu haben.

1.3. Kleiner Check: Was klappt gut? Was soll noch optimiert werden?

Test

Was klappt gut?

0 = nie oder fast nie **1** = manchmal **2** = oft **3** = sehr oft
Insgesamt sind mehr als 12 Punkte erstrebenswert

0 1 2 3 Mein Kind führt jeden Tag konsequent ein Hausaufgabenheft.

0 1 2 3 Mein Kind fängt mit seinen Hausaufgaben an, ohne zu trödeln oder zu motzen.

0 1 2 3 Mein Kind berücksichtigt Ordnungsprinzipien in der Heftführung, sortiert Zettel und packt den Ranzen.

0 1 2 3 Mein Kind hört bei Erklärungen zu und nimmt Hilfestellung an.

0 1 2 3 Mein Kind kann an einer Aufgabe dranbleiben und steht nicht ständig auf, träumt oder spielt.

0 1 2 3 Mein Kind lernt systematisch und frühzeitig für Klassenarbeiten nach Plan.

Summe: ______________________

Wenn Sie oft 0 bis 1 Punkt anstreichen müssen, lohnt es sich, mit Ihrem Kind einige Top-Tipps für ein effizienteres Lernen zu trainieren.
Sie können diesen kleinen Check öfters anwenden und damit Fortschritte überprüfen. Sie werden sehen, Anstrengung und tägliches Training in der Lernorganisation und beim Bearbeiten von Hausaufgaben lohnen sich: Stress wird minimiert, es gibt mehr Freizeit, mehr Erfolg und Zufriedenheit.

2 Lernen: Irrtümer und Erfolgsfaktoren

Hier erfahren Sie:

- >> Irrtümer zum Thema Lernen und ADS
- >> So kann Lernen gelingen – Prinzipien kennen und nutzen
- >> ADS als Handicap akzeptieren – was bedeutet dies für Eltern?

Lernen aus Fehlern? Führen schlechte Noten zum besseren Arbeitsverhalten?

2.1. Irrtümer zum Thema Lernen und ADS

- Aus Fehlern und Kritik lernt das Kind am besten.
- Hausaufgaben und Arbeitsvorbereitungen sollen immer alleine bewältigt werden, sonst lernt das Kind nichts dazu.
- Schlechte Noten verbessern die Arbeitshaltung und sind Anreiz, sich mehr anzustrengen.
- Chaos macht kreativ und führt zu erwünschten Ergebnissen.
- Der IQ bestimmt den Schulerfolg und die Noten des Kindes.

Lernen ADS-Kinder aus Fehlern oder Misserfolgen? Bereiten sie beim nächsten Mal die Klassenarbeit dann selbstverständlich frühzeitiger und systematischer vor? Meistens nicht! Was passiert, wenn Sie ständig herummeckern und Fehler herausstellen, ohne konkrete Lösungen vorzugeben? Ihr Kind hört gar nicht mehr zu, wird motzig und schaltet komplett auf Widerstand. ADS-Kinder sind sehr motivationsgesteuert, sie können nicht gut reflektieren und Situationen mit allem Wenn und Aber beleuchten. Dies hängt mit ihren Besonderheiten in der Info-Verarbeitung zusammen. Sie nehmen manchmal nur punktuell Informationen auf, stellen Aussagen nicht zur Bewertung nebeneinander, sondern reagieren impulsiv und sofort emotional. Sie können mit Kritik nicht gut umgehen, es sei denn, sie haben schon gelernt, wie man Gedanken sortiert und Impulssteuerung beherrscht. Nutzen Sie Motivationsanreize, um Unbequemes möglichst ohne negative Emotionen zu bewältigen. Lob für diese Anstrengung hilft dabei. Ebenso konkrete Hilfen, wie Lernstrategien anwenden, richtige Lösungswege sich anschaulich darstellen und diese öfters ausprobieren. ADS-Kinder verzetteln sich, haben Konzentrationsprobleme und brauchen zunächst Hilfen, um Lernprozesse systematisch zu beherrschen. Schlechte Noten, Chaos und negative Verhaltensmuster sind kontraproduktiv.
Gute Intelligenz reicht allein für Schulerfolg nicht aus. Intelligente Kinder lernen leichter und schneller, nur gehört auch noch Disziplin, Motivation und Ehrgeiz dazu, um wirklich allen Anforderungen zu entsprechen. Dies sind Schwachpunkte bei ADS-Kindern aufgrund ihrer Aufmerksamkeitsstörung und mangelnden Impulssteuerung. Zu den Problemen gehören unglücklicherweise auch noch eine niedrige Frustrationstoleranz und Stimmungsschwankungen. Sorgen Sie durch Lernorganisation und Strategien für Erfolgserlebnisse. Dann kann auch Ihr ADS-Kind seine Talente nutzen und hat beim Lernen Spaß!

Vorwürfe und Moralpredigten helfen nicht! Lernen muss gelernt werden, am besten mit sinnvoller Unterstützung.

Das muss nicht sein!

>> **Enrique hat viele Frusterlebnisse in der Schule.**
Ein Brief von der Lehrerin:

Lieber Enrique,

du brauchtest sehr viel Zeit, um dich an den Schulalltag zu gewöhnen. Anfangs wolltest du gar nicht in die Klasse kommen, da du kaum jemanden kanntest und du weder Lesen, Schreiben noch Rechnen konntest. Immer wieder hast du Arbeitsanweisungen oder Bitten meinerseits verweigert und hast niemanden mehr an dich herangelassen. Diese extreme „Bockigkeit", die oft stundenlange Arbeitsverweigerung mit sich brachte, hast du nach und nach abgelegt. Leider hast du dadurch gerade am Anfang viele wichtige Dinge verpasst, die du immer wieder aufarbeiten musstest. Dadurch hast du dir das Lernen selbst schwierig gestaltet.
Zudem fällt es dir schwer verantwortlich und ordentlich mit deinem Arbeitsmaterialien umzugehen. Auch das ist im Laufe des Schuljahres etwas besser geworden, entspricht aber häufig nicht dem Zustand eines Erstklässlers. Es gab immer wieder Situationen, in denen du einfach nicht wusstest, wo deine Sachen sind und du kamst auch nicht auf die Idee, sie zu suchen. So verstrich leider zusätzlich wertvolle Zeit, in der du viele Dinge hättest lernen können. Ordentliches und sorgfältiges Arbeiten würde dich erfolgreicher lernen lassen. Nicht allein, weil es dir nicht leicht fällt zu schreiben, sondern auch wegen deiner flüchtigen und unsorgfältigen Arbeitsweise.
An unserem Unterrichtsgespräch beteiligst du dich immer mehr. Du hattest anfangs große Angst einen Fehler zu machen und das Falsche zu sagen. Mittlerweile traust du dich immer mehr und hast gelernt, dass wir alle Fehler machen und daraus lernen. Das finde ich toll. Du könntest bestimmt noch mehr zum Unterricht beitragen. Leider ziehst du es aber auch oft vor, dich mit deinem Tischnachbarn zu unterhalten und Quatsch zu machen. Das ist sehr schade, da ich weiß, dass du unsere Regeln gut kennst und du sie auch einhalten kannst. Durch aufmerksames Zuhören wird es dir immer besser gelingen, deine Gedanken mit in den Unterricht einfließen zu lassen. Enrique, lass uns bitte mehr an deinem Wissen teilhaben und pass im Unterricht besser auf. Auch wenn Du unsicher bist, ob deine Gedanken richtig sind, trau dich ruhig sie uns mitzuteilen. Solltest du dich vertan haben, ist das auch nicht schlimm.
Ich freue mich im zweiten Schuljahr auf mehr Aufmerksamkeit und mehr Beteiligung deinerseits.

Was tun? Enrique Vorwürfe machen oder an seine Einsicht appellieren, verantwortungsvoller mit Materialien und Unterrichtsstoff umzugehen? Die Frage ist vielmehr: Beherrscht Enrique Strategien beim Lernen, hat er genügend Wissen und Selbstbewusstsein für gute Beiträge?

Nein, bei Enrique wurde erst vor einigen Wochen ADS diagnostiziert. Er wurde im Kindergarten nicht wirklich mit Anforderungen konfrontiert. Aber jetzt in der Schule hat er große Mühe, der Lehrerin zuzuhören, Buchstaben in die Zeilen zu schreiben und sich zu organisieren. Schon nach einigen Wochen erlebt er nur Stress und Enttäuschungen.

Im Rahmen einer umfassenden ADS-Therapie hat er Tricks gelernt, wie er besser aufpassen kann, wie er Kommunikationsregeln beachtet und systematisch das Lesen, Schreiben und Rechnen lernt. Um dies täglich anwenden zu können, ist bei Enrique zusätzlich eine medikamentöse Therapie zur Verbesserung der ADS-Problematik nötig und natürlich die Unterstützung durch seine Eltern.

Dank dieser Hilfestellungen ist es für ihn nicht mehr schrecklich in die Schule zu gehen. Er hat mittlerweile auch nette Freunde gefunden, darf in den Pausen mitspielen und hat seine extreme „Bockigkeit" abgelegt.

2.2. So kann Lernen gelingen – Prinzipien kennen und nutzen

- Lernen ist ein aktiver Prozess und kann durch Strategien optimiert werden.
- Die Herausforderung ADS annehmen und sich auf die Besonderheiten einstellen.
- Ihrem Kind vermitteln: Hausaufgaben sind ein notweniger Job und gleichzeitig Trainingsrunde. Sie machen nicht wirklich Spaß, können aber ordentlich und zügig erledigt werden.
- Chaos auf dem Schreibtisch, im Heft und im Kopf minimieren – Strukturprinzipien trainieren.
- Rituale und Lernorganisation helfen beim Lernen und Behalten. Sie sorgen darüber hinaus für mehr Freizeit.
- Selbstständiges Lernen funktioniert, wenn Lernstrategien verinnerlicht sind.
- Lernmotivation wächst mit Erfolgserlebnissen und die müssen systematisch auf den Weg gebracht werden.

Erfolg macht Spaß – natürlich auch ADS-Kindern!

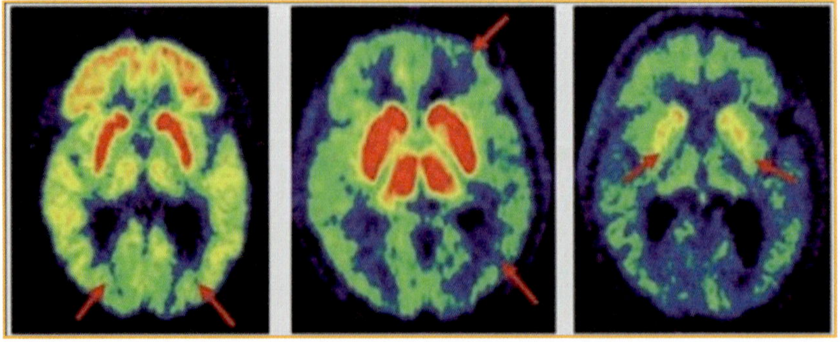

Dem Gehirn beim Denken zugeschaut - Stoffwechselaktivitäten dargestellt in der Positronen-Emission-Tomographie (PET).

Lernen ist ein aktiver Prozess

Beim Lernen knüpft unser Gehirn aus flüchtigen Eindrücken bleibende Verbindungen zwischen Nervenzellen. Aus neuen Infos, Erfahrungen und Erlebnissen werden Spuren im Gehirn. Dies gilt natürlich auch für Aufgabenlösungen. Je besser Problemlösungen automatisiert werden, umso schneller kann die „Datenautobahn" benutzt werden. Dadurch ist Gelerntes nicht nur irgendwie gewusst, sondern gekonnt und kann immer wieder für neue Fragestellungen genutzt werden.
Alles Lernen ohne aktive Einschaltung des Gehirns verblasst sehr schnell. Jedes Kind muss zunächst gedanklich in die Aufgabe einsteigen und mitdenken. Alles, was mechanisch und nebenbei passiert, wird nicht wirklich abgespeichert.
Zum Beispiel kann man den Inhalt eines Textes nicht wiedergeben, wenn man beim Schreiben an etwas anderes denkt oder etwas anderes tut und damit die Aufmerksamkeit auf „Nebenschauplätze" lenkt. Effizientes und ökonomisches Lernen bedeutet zunächst, die Aufmerksamkeitsfokussierung und „neuronale Aktivierung" auf das im Moment Wichtigste zu richten. Dies heißt, richtige Prioritäten setzen, sich konzentrieren, Störeinflüsse minimieren und bewusst Lösungen suchen, auch bei unliebsamen Aufgaben.

Lernen ist ein aktiver Prozess, der durch einige Strategien optimiert wird.

Lernen wird beeinflusst durch

- Aufmerksamkeit-Konzentration
  = aktive Hinwendung auf Infos und Gedanken.

- Gute Gedächtnisfunktionen
  = wichtige Daten und Eindrücke werden sortiert und gespeichert.

- Motivation
  = positive Emotionen unterstützen Aufmerksamkeits- und Gedächtnisfunktionen.

- Anwendung effizienter Strategien
  = systematische Lösungswege verkürzen Lernprozesse.

Wichtig zu wissen!

Info!

Wissenschaftliche Untersuchungen bestätigen:

Regelmäßiges Lernen in kleinen Paketen trainiert Neurone und bringt geistige Fitness.

Das Gehirn ist zweifellos das wichtigste Organ, dass man wie alle Partien unseres Körpers sorgsam hegen, vor allem aber trainieren muss. Werden die grauen Zellen nicht täglich gefordert und mit geistiger Nahrung versorgt, verkümmern sie. Studien haben belegt, dass regelmäßiges Training nicht nur die Konzentrationsfähigkeit und die Aufmerksamkeit steigert, sondern auch die Geschwindigkeit, mit der Informationen verarbeitet werden können, sowie die Merkspanne. Das ist die maximale Anzahl von Ziffern, Buchstaben oder ganze Wörtern, die man im Bewusstsein behalten und unmittelbar wiedergeben kann.

Wichtig ist die Regelmäßigkeit und nicht die Dauer der Übungen.

2.3. ADS als Handicap akzeptieren – was bedeutet dies für Eltern?

Zunächst erleben Sie, dass die Erziehung und Begleitung Ihres ADS-Kindes beim Lernen anstrengend ist, sogar oft Ihr Verhältnis sehr strapazieren kann. Es liegt nicht an Ihnen oder an dem „bösen Charakter" Ihres Kindes.
Der Stress entsteht, weil Ihr ADS-Kind Anforderungssituationen noch nicht altersentsprechend bewältigen kann.

ADS-Kinder sind genau so schlau und mit einer Vielzahl von kognitiven Fähigkeiten ausgestattet wie andere Kinder auch. Allerdings können sie ihr Potenzial ohne Kompensationsstrategien nicht ausreichend gut einbringen und weiterentwickeln.

Sie wissen, dass ADS eine neurobiologische Störung ist, die mit Besonderheiten in der Steuerung der Info-Verarbeitung einhergeht. Die Aufmerksamkeitsstörung ist dafür verantwortlich, dass wichtige Infos aus der Flut von Reizeindrücken nicht entsprechend gut herausgefiltert und vollständig zur Weiterverarbeitung ins Arbeitsgedächtnis geladen werden. Hinzu kommen ein impulsiver Arbeitsstil und ein assoziativer Denkstil. Ihre vielen Ideen spiegeln sich in dem Witz, der Spontaneität und der Kreativität von ADS-Kindern wider, allerdings stehen sie planvollem Handeln und ordentlichem, zielorientiertem Arbeiten auch bei unbequemen Aufgabenstellungen im Weg. ADS-Kinder folgen ihrer Stimmung und warten darauf, dass erst die Lust zum Lernen kommen muss, ansonsten fängt man nicht an, trödelt oder arbeitet nur nach dem Motto „Hauptsache schnell fertig – egal wie". Sie sind um jede Ablenkung froh und sind selbst Künstler darin, Chaos um sich herum und in ihren Gehirnwindungen zu schaffen.

Dies verhindert natürlich erst recht, Wichtiges im Auge zu behalten oder überhaupt zu erkennen. Deshalb gilt als oberstes Motto: Struktur, Organisation und Strategien werden Chaos und Ablenkung entgegengesetzt. Dies kann Ihr Kind zunächst nicht alleine. Es muss mit Ihrer Unterstützung und Motivationsanreizen diese Hilfen kennen lernen. Ihr Kind ist total stolz, wenn Ziele erreicht werden, etwas gelingt und Erfolg sichtbar ist. Sorgen Sie mit dafür, dass dies möglich wird und nicht die Probleme die Persönlichkeitsentwicklung beeinträchtigen.

In TopTipps 1 können Sie einiges über die Besonderheiten bei ADS unter „ADS hat viele Facetten" nachlesen. Wenn Sie mehr über typische Lernprobleme von ADS-Kindern erfahren möchten, können Sie auf unserer CD-ROM „ADS und Lernprobleme" (www.opti-mind.de > CDs und Bücher) die Hintergründe mit anschaulichen Beispielen und Hilfen kennen lernen.

Leon: „Ich kann mir nichts merken!"

Karolin: „Mein Kopf ist wie ein Karussell – alles wirbelt durcheinander!"

>> **Karolin** *besucht jetzt die 6.Klasse eines Gymnasium. Sie ist sehr schlau und begreift vieles schnell. In der Grundschule hatte sie immer die besten Noten – meistens eine 1. Sie musste sich nie wirklich anstrengen. Es lief alles wie von selbst. Das wurde anders im Gymnasium. Seit der 6.Klasse muss sie mit ständigen Misserfolgen leben und bekommt von den Lehrern mehr Kritik als Lob. Sie führt ihre Hefte in Bio und Erdkunde nicht ordentlich, macht oft keine Hausaufgaben, bereitet nie Klassenarbeiten vor und ist natürlich frustriert, weil auch die Noten abgesackt sind. Sie muss jetzt oft eine 4 oder sogar 5 unterschreiben lassen und hört nur Vorwürfe. Lernen macht ihr überhaupt keinen Spaß mehr. Sie diskutiert mit Lehrern, findet alles ungerecht, verbessert aber nicht ihre chaotische Arbeitsweise. Sie kann manche Zusammenhänge nicht mehr verstehen, weil sie Wissenslücken hat. Ein vorgeschlagener Wechsel in eine Realschule wäre für sie eine Katastrophe.*

Durch die Testung und Diagnostik wird klar: Karolin ist hochbegabt, hat aber leider zusätzlich ein ADS. Auch sie muss das Lernen lernen, um ihre Cleverness für Lernerfolge gezielt zu nutzen. Die Eltern haben gelernt, nicht an ihre Einsicht zu appellieren und „Moralpredigten" zu halten, sondern konkret zu helfen.

Die Arbeitsweise unseres Gehirns verstehen – Lernvorgänge optimieren

Neues erfassen, auf schon im Gedächtnis abgespeichertes Wissen zurückgreifen und Ideen umsetzen, sind komplexe Aktivitäten im Zusammenspiel der Neuronen. Als Grundprinzip gilt: Informationen werden über unsere Sinnesorgane als Eingangssignale von den Nervenzellen registriert, wenn sie einen bestimmten Schwellenwert erreichen, also als Signal stark genug sind. Je stärker diese neuronale Erregung ist, desto mehr Moleküle der Überträgersubstanz (Neurotransmitter) werden ausgeschüttet und sorgen für die Signalweiterleitung an andere Nervenzellen. Information werden immer im Zusammenspiel vieler Nervenzellen verarbeitet und abgespeichert. Je stärker „angefunkte" Zellen in Aktion gebracht werden, umso besser trainieren sich der Info-Verarbeitungsprozess und das Zusammenspiel im Netzwerk der Neuronen. Nochmalige Benutzungen, d.h. Wiederholungen führen zur Verinnerlichung von Lerninhalten, die nach mehreren „Trainingsrunden" schnell und automatisch abrufbar sind. In Sekundenschnelle erkennen wir dann die Bedeutung eines Wortes oder das Ergebnis einer 1x1-Aufgabe.
Damit dieses „Neuro-Jogging" passiert und wir so Gelerntes schnell zu Verfügung haben, muss zunächst die wichtige Info als Eingangssignal verstärkt werden. Unwichtige Infos lenken ab und verhindern das schnelle Training der Nervenzellen. Also nutzen wir bei Lernstrategien dieses Prinzip. Besonders ADS-Kinder, die zunächst Infos nicht gut filtern und noch nicht richtige Prioritäten setzen können, brauchen erst einmal eine bewusste Betonung der wichtigen Signale.

Das Grundprnzip der Info-Verarbeitung

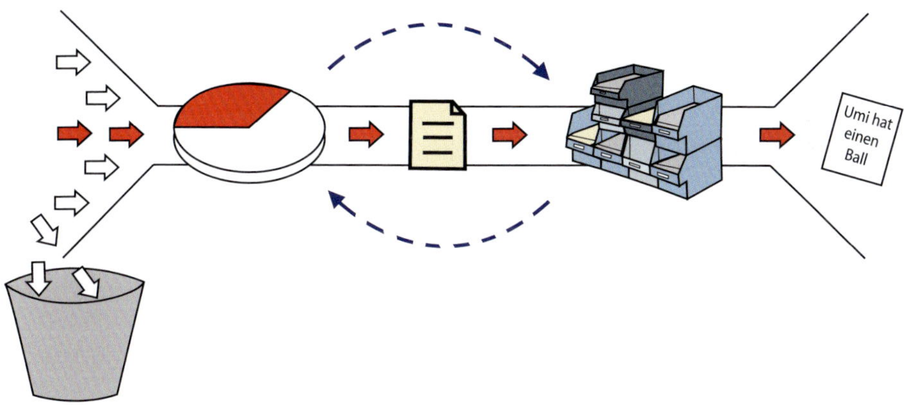

Verstärken von wichtigen Infos und minimieren vieler ablenkender Signale führt schneller zu richtigen Ergebnissen!

Nutzen Sie einige Tipps aus meiner praktischen Erfahrung und die Erkenntnisse aus der Neurowissenschaft,um mit Ihrem ADS-Kind effiziente Strategien zu üben. Lernen wird gut gelingen und ist mit weniger Energieaufwand zu meistern.

Basierend auf den Erkenntnissen der Neurowissenschaft und meiner Erfahrung in der Betreuung von Kindern mit Schulproblemen fasse ich Ihnen die wichtigsten Tipps für effizientes Lernen zusammen. Sie werden mit Ihrem Wissen über die Grundprinzipien beim Lernen und beim Ausprobieren der Tipps selbst weitere gute Ideen entwickeln. Ihr Kind übernimmt die effizienten Strategien beim Üben. Lernen wird gut gelingen und ist mit weniger Energieaufwand zu meistern.

P_ppe
T_r
Unfall
um

3 TopTipps für das Coaching bei den Hausaufgaben

Hier erfahren Sie:

>> Hilfen für den Start
>> Konzentration auf Wichtiges
>> Systematisches Arbeiten verhindert Fehler und spart Zeit
>> Wochenplaner und Checklisten sorgen für mehr Freizeit
>> Check: Lernstrategien werden selbstständig angewandt

Rhythmus, Routine und Strategien besiegen miese Laune und schlechte Ergebnisse!

3.1. Hilfen für den Start

Wo werden Hausaufgaben am besten erledigt?

Wo macht Ihr Kind seine Hausaufgaben? In der Regel in Ihrer Nähe am Küchentisch oder Esstisch? Dann gehören Sie zu der Mehrheit der Familien mit ADS-Kindern, die zunächst praktische Lösungen bevorzugen. Aus Befragungen von mehreren hundert Familien mit ADS-Kindern hören wir, dass im Grundschulalter keine 5% der Kinder ihre Aufgaben am eigenen Schreibtisch erledigen.

Dies hat mehrere Gründe:

- Der Schreibtisch ist überladen mit Spielzeug, Comic-Heften u.a. und nicht sofort gut benutzbar.
- Ablenkungen im Kinderzimmer sind zu groß.
- Der Start klappt am eigenen Schreibtisch weniger gut als am „leeren" Esstisch.
- Die Mutter ist in Küche oder Esszimmer in der Nähe und kann Hilfestellung geben.
- Die Mutter hat die Uhr im Blick und stoppt Trödeln und Träumerei.

Sie müssen kein schlechtes Gewissen haben, wenn Ihr Kind in Ihrer Nähe zunächst das Hausaufgabenmanagement einübt. An einem überfrachteten Schreibtisch gibt es einfach zuviel Ablenkung. Ein laufender PC meldet ständig mit unüberhörbaren Piepstönen neue Teilnehmer im Chatroom oder es wird zum Lesen einer Mail aufgefordert. Oder ein paar Tastendrücke versetzen Ihr Kind in die beliebte PC-Spielwelt und es vergisst natürlich alles andere um sich herum. Oder Stifte, Legosteine, Playmobilfiguren u.a. laden zu Phantasiespielen ein. Bei ADS-Kindern ruft alles nach Beachtung, was mehr an Spaß verspricht als „blöde Aufgaben" zu erledigen. Gedanken aktiv auf das Lesen von Aufgabenstellungen zu lenken und dranzubleiben, auch wenn die Lösung nicht sofort sichtbar ist, ist zunächst besonders für ADS-Kinder aufgrund ihres Handicaps in der Info-Verarbeitung anstrengend und schwierig. Versuchen Sie die Reizfilterung Ihrem Kind zu vereinfachen, indem Sie Umgebungsfaktoren verändern und Ablenkungen minimieren. Dies kann eben bedeuten, dass Ihr Kind am Esstisch seinen festen Hausaufgabenplatz einnimmt und dort nur sein Buch und benötigte Lernmaterialien im Blickfeld hat. Oder Sie üben Ordungsprinzipien für den Schreibtisch mit dem „Punkteplan" ein (siehe 1. Bd aus „ADS: TopTipps für Eltern: Erziehung und Förderung des Selbstbewusstseins Ihres Kindes").

Einige praktische Tipps für den Arbeitsplatz:

Seien Sie vorausschauend und trainieren Sie Abläufe ein:

- Rituale helfen: einigen Sie sich auf einen festen, „reizarmen" Arbeitsplatz.
- Unruhe durch Geschwister oder sonstiges Tohuwabohu in der Wohnung vermeiden.
- Der Schreibtisch ist immer abends leer geräumt.
- Arbeitsmaterialien sind vollständig - eventuell eigene Box für Stifte, Radiergummi, Lineal und Schere für zuhause.
- Ablenkprogramme wie Spiele, Comic-Hefte u.a. sind aus dem Blickfeld in eine Kiste oder Schrank geräumt.
- Der PC – wenn überhaupt im Kinderzimmer nötig, möglichst auf einen anderen Tisch stellen und während der Hausaufgaben ausschalten.
- Das Handy bleibt während der Hausaufgabenzeit ausgeschaltet, auch der Vibrationsalarm.

Was ist eigentlich zu tun? – Ohne ein Hausaufgabenheft geht es nicht!

Wie oft fängt der Start bei den Hausaufgaben mit Telefonaten an und Erkundigungen, was eigentlich überhaupt zu tun ist? Wann erfahren Sie, dass eine Klassenarbeit geschrieben wird? Weiß Ihr Kind genau über die Themen Bescheid, die abgefragt werden? Wie oft hat Ihr Kind im letzen Monat Hausaufgaben unvollständig erledigt oder Tests nicht gut vorbereitet? Wie viel Zeit und Ärger opfern Sie zur Klärung, was genau zu tun ist und „gemanagt" werden muss?
Es gibt eine ganz einfache Lösung: ein gut geführtes Hausaufgabenheft, in dem für jedes Fach notiert ist, was genau zu tun ist und in dem auch Klassenarbeitstermine schriftlich eingetragen werden. Auch wenn Ihr Kind keine Lust hat, diese paar Zeilen täglich zu schreiben oder die LehrerIn meint, dass sich Gedächtnisfunktionen üben, wenn man sich Hausaufgaben im Kopf merkt – fordern Sie es trotzdem ein. Machen Sie sich klar, dass Ihr ADS-Kind Probleme mit seinem Arbeitsgedächtnis hat, schnell vergesslich ist und sich nicht gut organisieren kann. Vermitteln Sie das Prinzip:

Notieren hilft gegen Vergessen

Ihr Kind lernt: Notizen sind Gedächtnisstützen, ich entlaste meinen Kopf und kann nachmittags ohne viel Zeitverlust direkt Schritt für Schritt loslegen.

>> **Lena** *(3.Klasse) und* **Joshua** *(5.Klasse) führen zwar unter großem Protest ein Hausaufgabenheft, aber viel damit anfangen können sie nicht. Eintragungen sind nicht vollständig und auch kaum zu entziffern. Sie müssen lernen, ein etwas größeres Heft zu benutzen, möglichst schon vorstrukturiert mit Datum-, Tages- und Fächerangaben.*

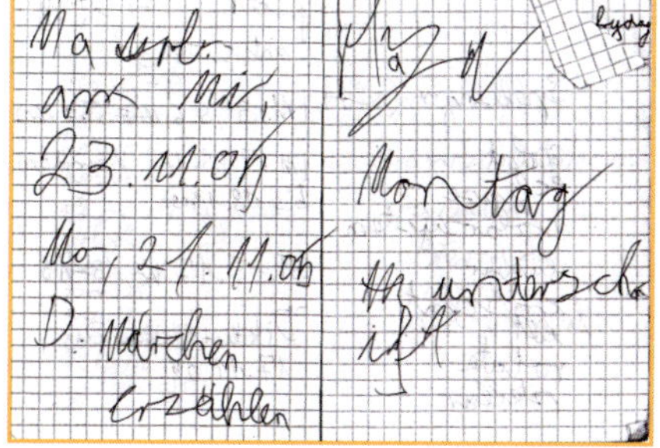

Wenn Ihr Kind noch sehr ungern und unleserlich schreibt, können Sie helfen, das Heft jeweils für eine Woche vorzuschreiben, so dass nur noch die Aufgaben in jeder Stunde eingetragen werden müssen. Damit sich auch dieses Ritual besser eintrainiert, können Sie vollständige Notizen mit dem Punkteplan belohnen und bei größeren Schwierigkeiten die LehrerIn um Mithilfe bitten. Vielleicht kann sie nach der Stunde den Eintrag mit einem Namenskürzel abzeichnen oder Ihr Kind kurz erinnern, die Hausaufgaben von der Tafel abzuschreiben.

OptiMemo 9

Hausaufgabenheft

ADS. Das Elterntraining BAUSTEIN 2

Aufgaben

Fach:	Tag	erledigt
	Seite:	
	Seite:	
	Seite:	
	Seite:	
	Seite:	
	Seite:	

Mitteilung an die Eltern:

Termin Klassenarbeiten: Fach: Datum:

Opti Mind

© Dr. med. Elisabeth Aust-Claus

Vorlagen für das Hausaufgabenheft können Sie von unserer Homepage www.opti-mind.de als pdf downloaden.

Stopp von unnötigen Diskussionen

„Mama, wozu brauche ich überhaupt die blöden Hausaufgaben?" Oder „Frau Müller hat uns heute wieder soooviel Mathe aufgegeben, das ist einfach ungerecht." Oder „Nur weil Herr Sturm schlechte Laune hatte, sollen wir wieder für Englisch endlos doofe Texte schreiben"...

Was antworten Sie bei solchen Fragen? Lassen Sie sich auf eine Diskussion ein, warum und wie viel an Hausaufgaben zu erledigen ist? Dann sitzen Sie schon in der „Zeitfresser-Falle". Solche Diskussionen führen in der Regel nicht zur Einsicht, dass Ihr Kind versteht, warum Lernrunden zur Automatisierung des Unterrichtsstoffs nötig sind, sondern lenken nur von der Erledigung der Aufgaben ab. Die Zeit verrinnt und die Lust, etwas zu tun, wird immer weniger. Für ein ADS-Kind ohne gutes Zeitgefühl sind unbequeme Jobs – dazu gehören die Hausaufgaben – immer ein riesiger Berg und dauern immer viele Stunden, auch wenn es objektiv weniger ist. Es empfindet: Hausaufgaben fressen die ganze Freizeit!
Was ist zu tun? Versuchen Sie auch bei diesen Diskussionen daran zu denken: Was ist eigentlich wichtig? Wohin sollten die Gedanken und das Wahrnehmungssystem Ihres Kindes gelenkt werden? Wie kann man ablenkende Ideen minimieren und entscheidende Infos verstärken?

Diskussionen sind nur Zeitfresser, sie lenken vom Wesentlichen ab und führen oft zu emotionalen Eskalationen.

Einige praktische Tipps, um Diskussionen zu vermeiden und direkt Aufgaben anzufangen:

- Kommentieren Sie negative Bemerkungen zu den Hausaufgaben selbst nur kurz, wie z.B. mit „Lass uns einmal schauen."
- Sorgen Sie schnell für den konkreten Start und aktives Handeln, wie z.B. mit „Welches Datum haben wir heute? Schreib dies schon oben in die erste Zeile."
- Vergewissern Sie sich, dass Ihr Kind mit den Gedanken in die Aufgabenstellung kommt durch die Aufforderung: „Lies mir bitte die erste Aufgabe laut vor und sag mir, wie du sie lösen möchtest."
- Wenn Ihr Kind etwas erzählen möchte, das jetzt nicht zur Aufgabe passt, unterbrechen Sie mit der Bemerkung „Erzähle mir das später, jetzt wolltest du mir zeigen, wie du 177-89 schriftlich ausrechnest..."
- Sie möchten, dass Ihr Kind das Richtige tut und denkt, deshalb können Sie es z.B. auch auffordern „Unterstreiche zunächst alle Aufforderungen, was du genau tun sollst, mit Rot..."

Einige Beispiele: So geht`s am besten

Wenig hilfreich	Besser
„Stell dich nicht so an! Das ist doch nicht viel!"	„Komm, lass uns zusammen schauen. Zeig mir zunächst einmal die Matheaufgaben."
„Ich habe dir schon hundertmal gesagt: Du sollst nicht während der Hausaufgaben ans Telefon rennen! Wenn du nicht sofort herkommst, passiert ein Donnerwetter!"	Seien Sie vorausschauend: Stellen Sie das Klingeln leise oder schalten Sie den Anrufbeantworter während der Hausaufgaben ein. Das Handy wird am besten ausgeschaltet.
„Wenn du jetzt nicht zügig anfängst, kannst du dein Fußballtraining vergessen!"	„Hol dir noch etwas zu trinken, dann geht`s los! Um 16 Uhr hast du Training, bis dahin schaffst du alle Aufgaben. Ich helfe dir."
„Ich will nichts von deinen Geschichten hören. Du kannst dich sowieso nur verabreden, wenn es endlich einmal in der Schule klappt..."	„Jetzt diskutieren wir nicht. Die Lehrerin hat euch sicherlich Lernwörter zum Üben aufgegeben. Zeigst Du sie mir bitte? Wir machen einen Übungsplan."

Schätzprotokoll hilft bei Ablenkungsmanövern

Wenn trotz dieser Tipps Diskussionen täglich Zeit-Fresser bei den Hausaufgaben und dem Lernen bleiben, können Sie unser Schätzprotokoll ausprobieren.

Max Schätzprotokoll

Aufgaben:	Max: geschätzte Zeit	Diskussionen, Ablenkmanöver	Wirkliche Arbeitszeit
Matheaufgaben, Seite 38	*Weiß nicht, ätzend viel, wahrscheinl. 1 Std.*	*25 min*	*18 min*
Deutsch, Grammatikübungen	*Wahrscheinlich mind. 1/2 Std.*	*20 min*	*15 min*
Bio- Zus. Photosynthese	*Kann ich schon, brauch ich nicht*	*10 min*	*Wiederholen und Abfragen durch M.: 10 min*
Geschichte: Text Seite 85 - 99 "Röm. Staat"	*10 min*	*10 min*	*10 min*

Max hat ADS und motzt täglich darüber, dass sein Leben nur noch aus Lernen besteht. Die Diskussionen nehmen mehr Zeit ein als die wirkliche Erledigung der Aufgaben. Nur durch mündliche Rückmeldung und die Bemerkung „Es ist doch gar nicht viel!" wird Max Arbeitsverhalten nicht besser. Max hat keine realistische Zeiteinschätzung. Seine Mutter hat deshalb das „Schätzprotokoll" eingeführt. Es besteht aus 3 Spalten:

1. Spalte: von Max geschätzte Zeit für Matheaufgaben
2. Spalte: mit Stoppuhr gemessene Zeit, die er wirklich gearbeitet hat
3. Spalte: Zeit, die verloren gegangen ist für sein Schimpfen über doofe Aufgaben etc.

Die Mutter hat zusätzlich gewonnene Zeit mit Smilies vergütet, um den Anreiz zu erhöhen. Und es klappt! Max diskutiert weniger, die Mutter lässt sich nicht mehr hinreißen, auf alles zu antworten und die Lernzeiten sind nicht nur entspannter, sondern beide haben mehr Zeit für nette Dinge am Nachmittag.
Wenn es doch zu lange dauert und Max wirklich über 1,5 Std. intensiv an den Hausaufgaben gearbeitet hat, kann dies natürlich auch mit den Lehrern diskutiert werden und überlegt werden, ob Hausaufgaben in ihrem Umfang besser verteilt werden sollten.
Vielleicht können Sie auch andere Eltern in der Klasse Ihres Kindes überreden, solch ein Schätzprotokoll zu führen, dann hat man einen guten Vergleich unter den Mitschülern und eine gute Gesprächsbasis mit den Lehrern.

3.2. Konzentration auf Wichtiges

Konzentration und systematische Lösungsstrategien üben

Was ist eigentlich zu tun? Sich Fragen stellen hilft, um die Aufmerksamkeit gezielt auf wichtige Infos zu lenken und schrittweise Lösungswege zu finden. Das Erlernen von diesen sogenannten „Instruktionstechniken" ist im ADS-Verhaltenstraining ein zentrales Element.

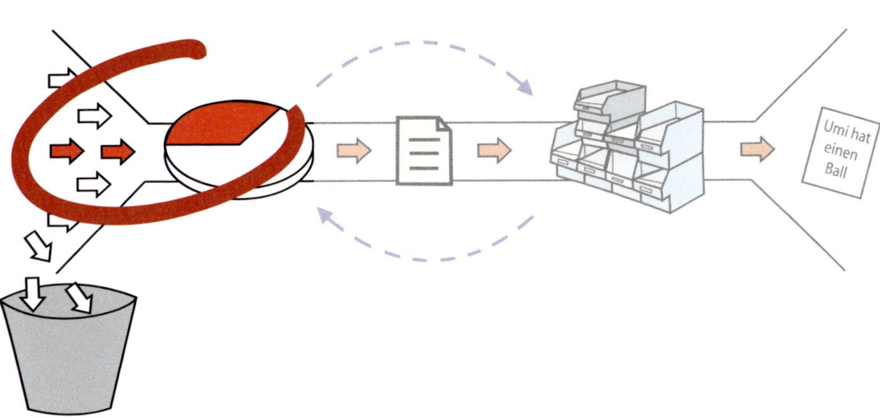

Info!

Instruktionstechniken für systematisches Arbeiten

Sie unterstützen die exekutiven Funktionen:

- Konzentration auf Wichtiges lenken
- Aufgabenstellung genau erfassen,
- Handlungsplanung und Problemlösungsstrategie.

Aufgabenstellung → Konzentration → Handlungsplanung → Gedächtnis → Überprüfung

Das Prinzip besteht darin, zunächst die wichtige Info zu verstärken, wie durch lautes Lesen der Frage, durch eigene Formulierung der Fragestellung, durch Unterstreichen der Signalwörter etc. Ablenkende Bilder, Buchstaben und Zeichen werden am besten abgedeckt. Die Blick- und Leserichtung wird systematisch von links nach rechts und von oben nach unten eingehalten. Die Tendenz, bei einer Aufgabe nur kurz einmal hinzuschauen oder schnell zu raten, soll damit unterbunden werden. Die typischen Flüchtigkeitsfehler werden damit vermieden.

ADS-Kinder scheitern an vielen Aufgaben schon oft deshalb, weil sie die Fragen oder Anweisungen nicht vollständig lesen und schnell ein Ergebnis „erahnen", aber es nicht wirklich ableiten. Sie möchten Ergebnisse in Sekundenschnelle haben. Wenn Textaufgaben dies nicht zulassen, werden Sie schnell den Satz „Kann ich nicht!" hören und zwar bevor es überhaupt die Instruktion genau erfasst hat. Also, sorgen Sie mit dafür, dass zunächst erst einmal klar ist, was genau Aufgabe ist und welche Infos entscheidend sind. Der nächste Schritt ist dann das Finden von klaren Lösungswegen, die systematisch und immer wieder abrufbar sind.

Abschreiben ohne Fehler

Viele ADS-Kinder machen nicht nur schnell Fehler beim Lesen, sondern auch beim Abschreiben. Es fehlen Buchstaben, Wörter und manchmal ganze Satzabschnitte. Für richtiges Abschreiben braucht man nicht nur eine gute Konzentration, sondern auch die Technik, alle Buchstaben und Wörter komplett von links nach rechts zu erfassen und genauso wieder hinzuschreiben.
Es lohnt sich, zunächst mit System und den Instruktionstechniken das Abschreiben zu üben. Die Max-Karten helfen bei den einzelnen Schritten. Die einzelnen Schritte kann man zusätzlich schematisch aufmalen und beschreiben.

So besser nicht....

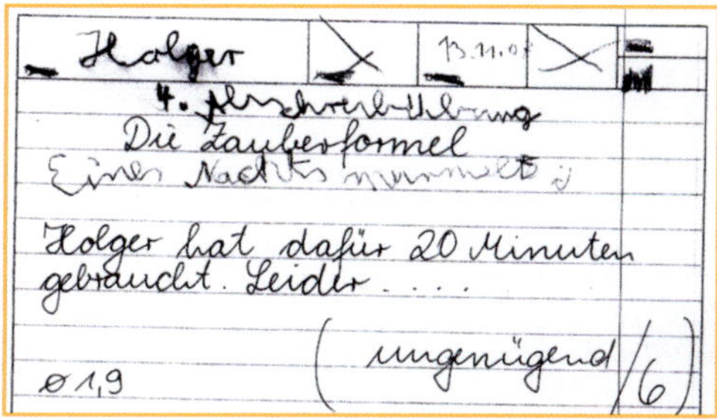

So kann es gelingen...

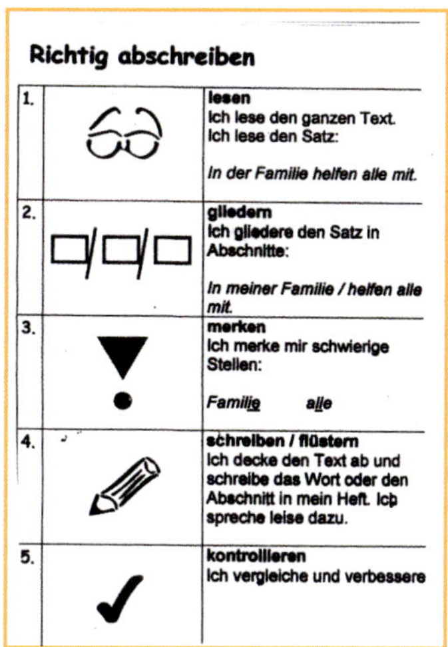

Richtig abschreiben

1.		**lesen** Ich lese den ganzen Text. Ich lese den Satz: *In der Familie helfen alle mit.*
2.		**gliedern** Ich gliedere den Satz in Abschnitte: *In meiner Familie / helfen alle mit.*
3.		**merken** Ich merke mir schwierige Stellen: *Familie alle*
4.		**schreiben / flüstern** Ich decke den Text ab und schreibe das Wort oder den Abschnitt in mein Heft. Ich spreche leise dazu.
5.		**kontrollieren** Ich vergleiche und verbessere

Infos zu dem AttenXo-Lernprogramm zur Schulung von Wahrnehmung- und Aufmerksamkeitsfunktionen finden Sie unter www.opti-mind.de.

3.3. Systematisches Arbeiten verhindert Fehler und spart Zeit

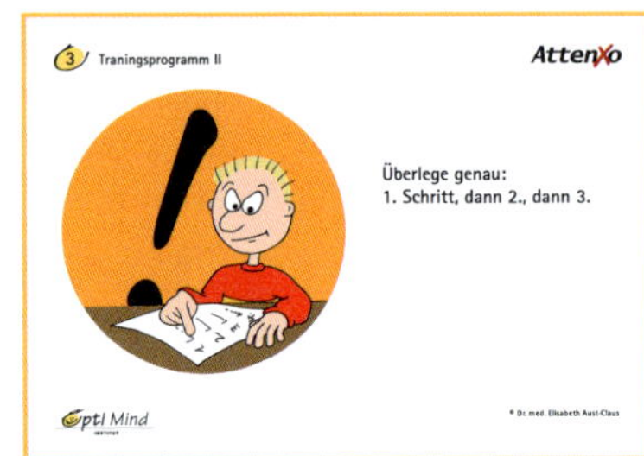

Das Motto ist: Achtung erst denken, dann handeln!

Infos sortieren, kategorisieren, abgleichen und sich einen Plan machen, so liegt man richtig und findet auch für komplexe Textaufgaben Lösungen. Am besten macht man sich eine Skizze oder Stichpunkte, um Datensalat und Verwirrung zu verhindern. Ein Bild macht Zusammenhänge anschaulich und „fängt" besser die Konzentration als langwierige, weit ausholende mündliche Erklärungen. Natürlich werden auch Zwischenergebnisse aufgeschrieben, damit sie nicht verloren gehen. Diese eingeübten systematischen Lösungswege führen letztendlich schneller zu richtigen Ergebnissen und verhindern ein Black-out bei Klassenarbeiten.

Aufsatz

Kim soll eine kleine Geschichte schreiben. Sie hat immer gute Ideen, kann auch toll erzählen, nur einen Aufsatz? Sie schreibt entweder im „Telegrammstil" oder verliert den roten Faden. Die Lehrerin ist nicht zufrieden, weil Kim gelernte Vorgaben überhaupt nicht beachtet und natürlich wieder mehr Rechtschreibfehler macht.

Kim hat Probleme einen Aufsatz zu schreiben

Lösung Schritt für Schritt

Kim lernt ihre Gedanken zu sortieren. Sie macht ein Brainstorming mit Notizen in Form von Stichwörtern. Bei ihrem Aufsatz orientiert sie sich an den W-Fragen:

- Was ist geschehen?
- Wer war beteiligt?
- Wann und wo ist es geschehen?
- Wie genau waren die Umstände?
- Was war der Zweck, und was war das Ziel?

Ihre Ideen werden im 2. Schritt in eine Stichworttabelle sortiert. Ein Aufsatz hat in der Regel 3 Teile: Einleitung-Hauptteil-Schluss.

Einleitung	Hauptteil	Schluß
5 Stichwörter, Ideen	*7 Stichwörter, Ideen, etc.*	*3 Stichwörter, Ideen*

Diese Systematik verhindert, dass Kim den roten Faden der Geschichte verliert und stellt sicher, dass sie die Aufsatzstruktur beachtet. Die Rechtschreibung kann sie am besten anschließend kontrollieren, wenn die Geschichte schon vollständig im Heft steht. Denn wenn sie über den Inhalt nachdenkt, kann sie noch nicht gleichzeitig bei jedem Wort Rechtschreibregeln anwenden.

Weitere Lerntipps für konkrete Anforderungen finden Sie in dem Buch „ADS.TopFit beim Lernen (OptiMind media www.opti-mind.de)

Organisation verhindert Chaos im Kopf

Chaos regiert nicht nur im Zimmer, auf dem Schreibtisch, sondern oft auch im Kopf der ADS-Kinder. Erinnern Sie sich an die Bilder von Leon und Karolin im letzen Kapitel? Infos sind nicht sortiert, werden manchmal nicht vollständig erfasst und gemischt mit plötzlichen Einfällen, die nicht zum Thema oder zur Aufgabe passen.

>> **Die Mutter von Tim** *ist verzweifelt und besorgt:*
Mein Sohn besucht die 5. Klasse einer integrierten Gesamtschule. Er glänzt oft in der mündlichen Mitarbeit mit klugen Beiträgen. Sein Klassenlehrer bat die Kinder, das schriftliche Multiplizieren aus der 4. Klasse zu wiederholen. Mein Sohn meldete sich dafür und wollte dieses an der Tafel erklären. Der Lehrer sowie die Kinder haben nichts von dem verstanden, was mein Sohn erklären wollte. Er hat die einzelnen Zahlen alle untereinander geschrieben, als würde er chinesische Zeichen schreiben. Daraufhin sagte mein Sohn, er kann sich an nichts mehr erinnern und er möchte sich wieder setzten. Des Weiteren erkennt mein Sohn die einfachsten Strukturen nicht mehr und vergisst alles. Er kommt im T-Shirt nach Hause, die Jacken sind unauffindbar in der Schule verschollen, ebenso der Fahrradhelm, die Handschuhe, der Haustürschlüssel... Starke Rechtschreibschwierigkeiten, Lese- sowie Konzentrationsstörungen plagen ihn. Er klagt auch immer häufiger über Kopfschmerzen und Schwindel. Wie kann ich meinem Sohn helfen?

Chaotische Heftführung – mangelnde Systematik

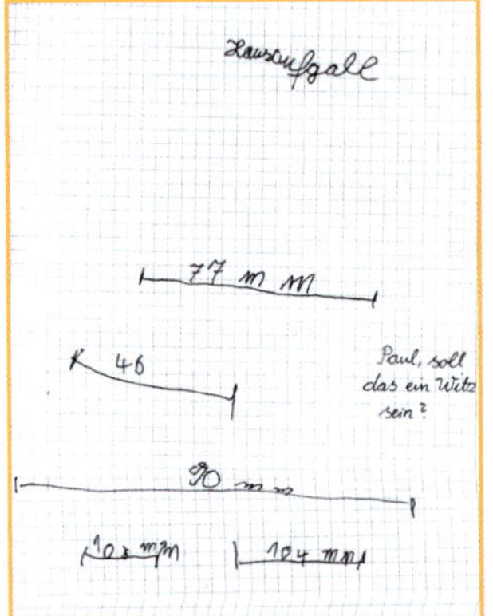

„Paul, soll das ein Witz sein?"

Sarah: Rechnen und gleichzeitig viele andere Ideen

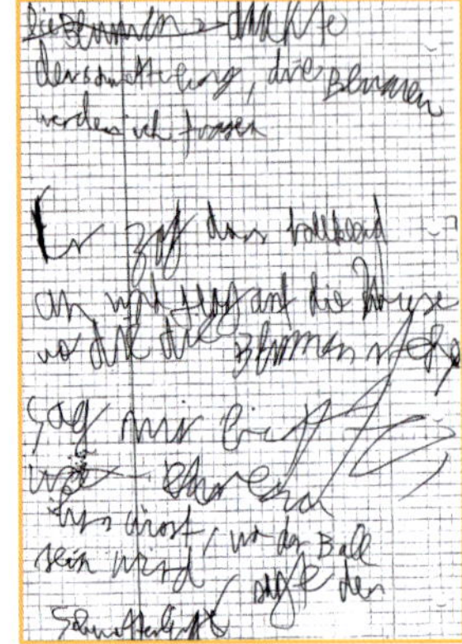

Was kann Mark mit dieser Mitschrift anfangen?

Paul, Sarah und Mark bringen nicht nur die Eltern, sondern auch die LehrerIn zur Verzweiflung. Wie sollen sie sich bei neuer Aufgabenstellung an die Prinzipien in Mathe oder Deutsch eigentlich erinnern? Ihnen geht es oft in den Klassenarbeiten ähnlich wie Tim. Sie sind schnell verwirrt und dann natürlich auch blockiert, wenn sie unter Zeitdruck Aufgabenlösungen systematisch anwenden sollen.

Struktur im Heft beeinflusst kognitive Prozesse

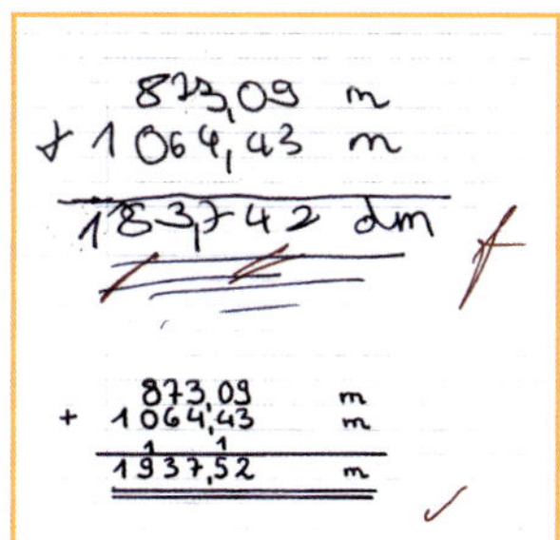

Fünf Vorteile durch eine übersichtliche Heftführung:

- Das Datum gibt Aufschluss darüber, wann ein bestimmtes Thema behandelt wurde.
- Die Überschrift gibt einen Hinweis auf das Thema.
- Das Unterstreichen von wichtigen Begriffen gibt schnell eine Orientierung und man muss dann nicht immer alles noch einmal lesen.
- Die freie Zeile/Kästchen zwischen den Aufgaben oder den Textabschnitten gliedert Aufgabenfelder und macht Kontrollen einfacher.
- Eine ordentliche Schrift verschafft beim Lesen und Erfassen von Fragen einen Zeitvorsprung.

3.4. Wochenplaner und Checklisten sorgen für mehr Freizeit

Was haben Hausaufgaben mit der Persönlichkeitsentwicklung und Freizeit zu tun?

Wie würde Ihr Kind die Frage beantworten? Hausaufgaben rauben nur Freizeit und bringen schlechte Stimmung? Oder hat Ihr Kind schon die Erfahrung gemacht, dass es durch Routine Hausaufgaben gut und effizient erledigen kann, um dann frei zu haben, um zu spielen, sich mit Freunden zu treffen oder zum Sport zu gehen. Freizeit kann wirklich genossen werden, ohne ein schlechtes Gewissen, das immer sagt, „ich müsste doch noch...".
Verabredungen, Hobbys oder auch einfach nur Spielen sind für das Selbstbewusstsein und eine gute Persönlichkeitsentwicklung die Basisbedingungen. ADS-Kinder brauchen hierzu besonders viele Gelegenheiten, um in der Kommunikation mit andern und im Ausprobieren ihrer Talente tolle Erfahrungen zu sammeln. Coachen Sie Ihr Kind dabei. Wochenplaner und Checklisten haben sich gut bewährt. Sie sorgen mit für bessere Lernergebnisse und mehr Freizeit. Viele ADS-Kinder schaffen erst durch den Wochenplaner, Verabredungen frühzeitig zu organisieren.

Trödeln beim Lernen, schlechte Stimmung, das Gefühl, wieder etwas nicht zu können und Stress mit der Mutter sind nicht nur anstrengend, sondern meist auch Freundschaftskiller.

Wochenplaner: mehr Freizeit und Routine beim Lernen

OptiMemo 10

Wochenplaner von: ____________ bis: ____________ ADS. Das Elterntraining BAUSTEIN 2

Zeit	Montag	Dienstag	Mittwoch	Donnerstag	Freitag	Samstag	Sonntag
13:00 - 13:30					Mathearb.		
13:30 - 14:00	HA		HA		HA		
14:00 - 14:30	HA	HA	HA	HA			
14:30 - 15:00	Mathe	HA	Mathe	HA			
15:00 - 15:30		Mathe				Judo	
15:30 - 16:00						Judo	
16:00 - 16:30							
16:30 - 17:00							
17:00 - 17:30							
17:30 - 18:00		Judo		Mathe			
18:00 - 18:30		Judo					
18:30 - 19:00							
19:00 - 19:30							
19:30 - 20:00							

Opti Mind

© Dr. med. Elisabeth Aust-Claus

Den Wochenplaner können Sie als Vorlagen kostenlos unter www.opti-mind.de als pdf downloaden.

>> **Marie** *musste zunächst stöhnen: „Schon wieder mit einem Plan arbeiten!" Sie ist eigensinnig und will immer alles alleine entscheiden. Sie möchte ihre Freiheit nachmittags haben und keine „Bevormundung". Sie ist allerdings noch nicht sehr vorausplanend und trödelt bei den Hausaufgaben. Oft waren abends ihre Aufgaben noch immer nicht komplett im Heft und Vokabeln selten gelernt. Meist hat sie es noch nicht einmal geschafft, zum Jazztanz zu gehen. Mittlerweile ist alles ein riesiger Berg und sie wird immer träger. Die Lücken in Französisch und Englisch wachsen und der Druck, die Versetzung zu schaffen, nimmt zu.*
Seit sie konsequent die Termine für Hausaufgaben, Jazztanz und Verabredungen einträgt, schafft sie es besser, direkt mit den Hausaufgaben anzufangen und dranzubleiben. Anfangs hat ein Nachhilfelehrer mit ihr zusammen den Lernplan überlegt und die Ergebnisse überprüft. Es gibt immer donnerstags einem Vokabel-Check und eine Analyse, wie zeitnah und mit welchen Materialien Unterricht vorbereitet wurde. Sie hat mit konsequenter Planung jetzt Lust und Zeit, sich zu verabreden und zu tanzen.

Marie geht jetzt regelmäßig zum Jazztanz und hat eine Hauptrolle im Theaterstück

Checklisten helfen

Hausaufgaben und Unterrichtsvorbereitung sind Jobs, die täglich erledigt werden müssen. Am besten lässt man keine negativen Emotionen die Situation bestimmen, sondern widmet sich mit System den Aufgaben.

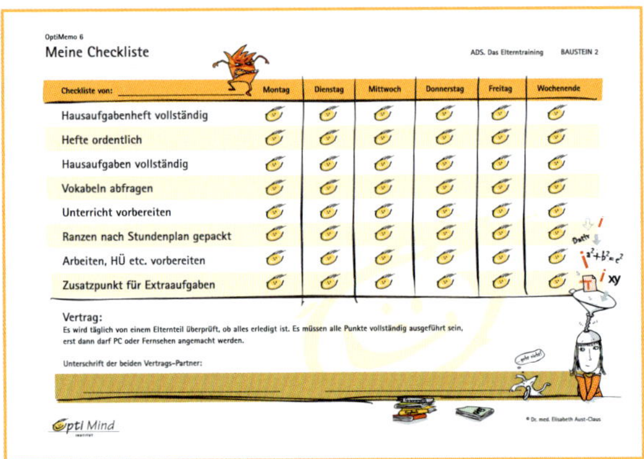

OptiMemo 6

Meine Checkliste

ADS. Das Elterntraining BAUSTEIN 2

Checkliste von: ____	Montag	Dienstag	Mittwoch	Donnerstag	Freitag	Wochenende
Hausaufgabenheft vollständig						
Hefte ordentlich						
Hausaufgaben vollständig						
Vokabeln abfragen						
Unterricht vorbereiten						
Ranzen nach Stundenplan gepackt						
Arbeiten, HÜ etc. vorbereiten						
Zusatzpunkt für Extraaufgaben						

Vertrag:
Es wird täglich von einem Elternteil überprüft, ob alles erledigt ist. Es müssen alle Punkte vollständig ausgeführt sein, erst dann darf PC oder Fernsehen angemacht werden.

Unterschrift der beiden Vertrags-Partner:

Opti Mind

© Dr. med. Elisabeth Aust-Claus

Die Checklisten können Sie als Vorlagen kostenlos unter www.opti-mind.de als pdf downloaden.

>> *Seit* **Lukas** *nach der Checkliste alles bei den Hausaufgaben erledigt, gibt es bei uns weniger Streit. Früher war ich immer morgens schon sauer, weil er wieder nicht alle Bücher und die Sportsachen im Ranzen hatte. Natürlich bestärken wir ihn mit Belohnungspunkten.*

Lukas kann hat wieder Zeit für seine Hobbys: Fußball und Schlagzeug spielen.

Hierzu finden Sie weitere Infos im ersten Heft TopTipps1 „Erziehung und Förderung des Selbstbewusstseins Ihres Kindes".

Klassenarbeitsplaner – mit System zum Ziel

Vorbereitung für Klassenarbeiten muss sein. Probeaufgaben lösen, den Lernstoff noch einmal bewusst anwenden, sich an Fakten erinnern hilft, in der Klassenarbeit systematisch vorzugehen. Blockaden, Zeitprobleme und Stress werden damit verhindert.
Üben Sie mit Ihrem Kind auch hierbei eine Routine, die Diskussionen und Misserfolge vermeidet. Als erstes wird der Lernstoff für die Arbeit aufgelistet und dann in kleine Lernpackete aufgeteilt. Sie wissen, dass das Arbeitsgedächtnis nicht überfrachtet werden soll und kleine Lerneinheiten sinnvoller sind als die „Marathon-Lernstunden" einen Tag vor der Arbeit.
Probieren Sie den Klassenarbeitsplaner aus. Helfen Sie anfangs mit. So setzen Sie die Voraussetzungen, dass Ihr Kind später selbst Lerneinheiten systematisch organisieren kann.

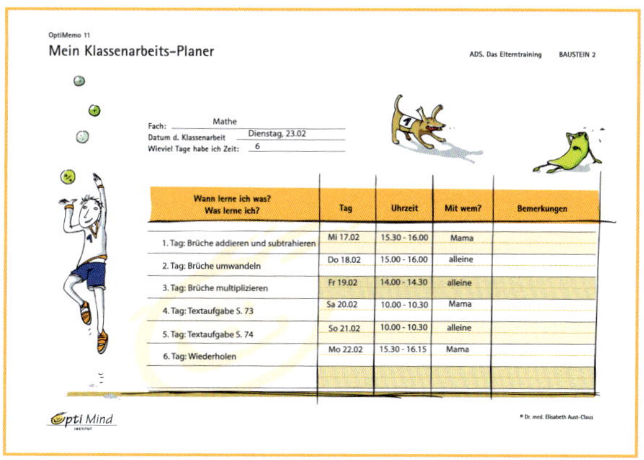

OptiMemo 11

Mein Klassenarbeits-Planer

ADS. Das Elterntraining BAUSTEIN 2

Fach: Mathe
Datum d. Klassenarbeit Dienstag, 23.02
Wieviel Tage habe ich Zeit: 6

Wann lerne ich was? Was lerne ich?	Tag	Uhrzeit	Mit wem?	Bemerkungen
1. Tag: Brüche addieren und subtrahieren	Mi 17.02	15.30 - 16.00	Mama	
2. Tag: Brüche umwandeln	Do 18.02	15.00 - 16.00	alleine	
3. Tag: Brüche multiplizieren	Fr 19.02	14.00 - 14.30	alleine	
4. Tag: Textaufgabe S. 73	Sa 20.02	10.00 - 10.30	Mama	
5. Tag: Textaufgabe S. 74	So 21.02	10.00 - 10.30	alleine	
6. Tag: Wiederholen	Mo 22.02	15.30 - 16.15	Mama	

Opti Mind INSTITUT

© Dr. med. Elisabeth Aust-Claus

Den Klassenarbeits-Planer können Sie als Vorlagen kostenlos unter www.opti-mind.de als pdf downloaden.

3.5 Check: Lernstrategien werden selbständig angewandt

Konzentrationskiller besiegen – Effizient lernen

Dies ist ein Check für Ihr Kind zum ankreuzen und ausfüllen
(Sie können gerne dabei helfen):

Test

To Do: Hausaufgaben meistern	ok	Bis wann?
Vollständiges Hausaufgabenheft		
Fester Arbeitsplatz		
Arbeitsplatz nur mit Arbeitsmaterialien ausgestattet, Ablenkendes ist verbannt		
Feste Hausaufgabenzeit mit Wochenplaner		
Diskussions-Stopp z.B. durch Schätzprotokoll		
Wende Fragetechniken an, wie „Was ist die Aufgabe?"...		
Benutze Checklisten für Vorbereitung von Klassenarbeiten, Referaten etc.		
Manage Freizeit und „Sprechzeiten am Telefon/Chat"		

Wenn Ihr Kind viele Verhaltensweisen aus der Checkliste anwendet, ist es auf dem Weg zum selbstständigen Arbeiten. Definieren Sie gemeinsam notwendige Zwischenziele, damit Ihr Kind und auch Sie sicher sein können, dass die Erfolgsstrategien stimmen oder gegebenenfalls rechtzeitig korrigiert werden. Erwünschte Ergebnisse werden so erreicht. Vermeiden Sie Grundsatzdiskussionen, ob Ihre Hilfestellung noch nötig ist. Sie können ohne viel Worte das Beherrschen von Lernstrategien sehen: Aufgaben sind ordentlich erledigt und Gelerntes wieder abrufbar. Loben Sie auch kleine Erfolge und helfen Sie noch bei Schwierigkeiten!

Wenn es trotz der Hilfestellung beim Lernen nicht klappt, vieles aus dem Unterricht noch einmal erklärt werden muss, Ihr Kind Ihnen bei Erklärungen nicht zuhört, sich nur einige Minuten konzentrieren kann und ständig Motzgedanken die Situation regieren, dann sollten Sie mit Ihrem ArztIn/TherapeutIn über weitere Möglichkeiten der Hilfestellungen diskutieren. Vielleicht muss die ADS-Therapie intensiviert werden und zunächst Aufmerksamkeitsfunktionen und Impulssteuerung optimiert werden, damit Ihre Hilfestellung ankommt. Dies kann bedeuten, dass Ihr ADS-Kind auch nachmittags in Lernsituationen auf die Medikation mit Methylphenidat zunächst angewiesen ist.

4 Power für die Lernmotivation

Hier erfahren Sie:

>> Lernlust oder Frust?
>> Lob motiviert
>> Ziele setzen und erreichen – Erfolge lassen sich planen

Das TopZiel für jedes Kind: Anerkennung, mehr Freizeit und Spaß!

4.1. Lernlust oder Frust?

Regieren Stress, Schulprobleme und Lernunlust Ihren Familienalltag? Sind Sie total entnervt, weil wenig klappt und Ihr Kind nicht einsieht, selbstständig mehr zu üben? Wie geht Ihr Kind mit Schulstress um? Ist es zufrieden und hat Freude am Lernen? Wie meistern Sie als Eltern Schulsorgen?

Test

Schulprobleme und Eltern-Fehler? Wo oft tappen Sie in die Stressfalle?

0 = nie oder fast nie **1** = manchmal **2** = oft **3** = sehr oft

Insgesamt sind weniger als 5 Punkte erstrebenswert

0 1 2 3	Ich bin enttäuscht von meinem Kind.
0 1 2 3	Ich kümmere mich nicht um Schulprobleme, das soll mein Kind mit dem Lehrer klären.
0 1 2 3	Ich vergleiche die Leistungen mit den Mitschülern und will damit zu besseren Leistungen anspornen.
0 1 2 3	Ich zeige auf, was man alles mit einem super Schulabschluss erreichen kann und verlange mehr Ehrgeiz.
0 1 2 3	Ich drohe in meinem Ärger mit Bestrafungen, wie Hausarrest und Sportverbot.

Summe:

Je geringer Ihre Punktzahl, umso besser vermeiden Sie durch Vorwürfe zusätzlichen Stress. Sie verzichten auf kontraproduktive Anreize für mehr Lernengagement und sind souveräner im Umgang mit Sorgen. Sicherlich kennen Sie dann auch schon gute Möglichkeiten, die Leistungsbereitschaft Ihres Kindes zu verstärken, die Motivation und die Zufriedenheit zu erhöhen. Vielleicht finden Sie in den folgenden Ausführungen und Tipps noch weitere Ideen, Probleme zu minimieren und den „Lernturbo" einzuschalten.

ADS und Schullust?

Geht Ihr Kind begeistert zur Schule und freut sich über neue Themen im Unterricht? Zumindest an den meisten Tagen? Oder hat Ihr Kind ähnliche Erfahrungen wie Max und Jule, die leider schon in den ersten Grundschulklassen ihre Neugierde verloren haben, weil sie nicht sofort alles gut konnten? Beide waren am ersten Schultag begeistert und stolz auf ihre Schultüte und ihren Ranzen. Sie konnten es gar nicht erwarten, neue Herausforderungen in Angriff zu nehmen. Trotz ADS waren sie natürlich hoch motiviert. Was ist passiert? Warum verschwindet bei ADS-Kindern oft die Lust auf Lernen? Die Antwort finden Sie, wenn Sie sich noch einmal kurz den Zusammenhang von Wahrnehmungsverarbeitung und ADS vergegenwärtigen.

Schulunlust hat sich erst durch Frustrationen breit gemacht.

4

Ein kleiner Ausflug in die Theorie:

ADS und Lernmotivation:

ADS-Kinder wollen Infos schnell verarbeiten, um sofort ein Ergebnis zu haben. Am liebsten teilen sie die Antwort sofort mit und zwar mündlich. Hinschreiben ist für sie nervig, da dies länger dauert und zunächst immer wieder trainiert werden muss. Außerdem lieben sie ein direktes Feedback und die Bestätigung, ein richtiges Ergebnis zu haben. Dann sind sie motiviert, sich das Nächste vorzunehmen. Dies ist in der Schule nicht immer möglich.
Was ist für ADS-Kinder weiterhin schwer? Wenn Infos nicht in Sekundenschnelle in einen bekannten logischen Lösungsweg einsortiert werden können, sondern zunächst eine längere Konzentrationsphase erforderlich ist, um alles Wichtige zu erfassen und dann planvoll weiter vorzugehen. Bei komplexen Fragen müssen neue Daten systematisch mit altbekanntem Wissen abgeglichen und Lösungsstrategien entwickelt werden, aber immer unter Berücksichtigung der vorgegebenen Instruktion. Da dies nicht schnell geht, haben Ablenkungen besonders bei ADS-Kindern eine gute Chance, das Geschehen zu dominieren. Es werden spannendere Dinge getan oder gedacht. ADS-Kinder springen geradezu mit ihrer Aufmerksamkeit und ihrem Interesse auf Gedanken oder Spiele, die nichts mit der konkreten, unliebsamen Aufgabenstellung zu tun haben.
Wenn ADS-Kinder nicht frühzeitig Hilfe erfahren, um mit besseren Aufmerksamkeitsfunktionen aktiv mitzudenken und Strategien einsetzen üben, kann sich ein Teufelskreis bilden und Frustrationen bestimmen dann zwangsläufig die Lernerfahrungen.

Info!

Bei mangelnder Konzentration ist Lern-Unlust vorprogrammiert.

Lernmotivation im Keller?

biogen: ADS

soziogen: Enttäuschungen-Frust

Die emotionalen und kognitiven Prozesse beeinflussen sich gegenseitig und werden durch biogene und soziogene Faktoren gesteuert. Verstärken Sie positive Faktoren und lösen den Teufelskreis durch die Erfolgsspirale ab.

Erfolg macht Spaß und ist Motor für weitere Aktivitäten.
Misserfolge lähmen und führen zu Lernfrust.

Für eine bessere Lernmotivation ist wenig hilfreich:

- Abzuwarten, ob die Zeit es richten wird. Die Frustrationsspirale wird nur schlimmer durch viele negative Lernerfahrungen.
- Herunterschrauben von Anforderungen, wenn das ADS-Kind gut begabt ist. Lernstoff muss auch Interessen wecken und neue Erfahrungen bieten.
- Erklärungen, warum das Lernen so wichtig ist. Über Appelle an die Einsicht ändert sich das Verhaltensmuster bei ADS-Kindern nicht.
- Ermahnungen, nicht so faul zu sein. ADS-Kinder haben ein Defizit im Lernmanagement und müssen erst angeleitet werden, zielorientiert zu arbeiten.
- Negative Kommentare und der Vergleich mit der Schwester, die immer besser in der Schule abschneidet.

Tipps, damit Lernmotivation ansteigt:

- Erfahrung, dass Lernstoff mit System behalten wird und wieder abgerufen werden kann.
- Sicherheit. Möglichkeiten beherrschen, um Ziele zu ereichen.
- Gefühl, mit seinen Stärken und Schwächen akzeptiert zu sein.
- Selbstvertrauen und Zuversicht. Das Gefühl haben, mit sich, anderen Menschen und Anforderungen gut klar zu kommen.
- Lob. Positive Rückmeldung ist der Motor, sich für Aufgaben anzustrengen.
- Sich vergegenwärtigen, welche Erfolge schon erreicht wurden.
- Positive Lernerfahrungen in anderen Bereichen forcieren. Herausforderungen in Sport und Freizeit meistern.
- Die Einstellung, dass Lernerfolge in der Schule zwar wichtig sind, aber Fehler korrigiert werden können.

Jule ist glücklich

Jule hat wieder Spaß am Lernen, seit sie Lernstrategien beherrscht und immer anwendet. Anfangs haben die Eltern beim Eintrainieren der Strategien geholfen, jetzt ist Jule selbstständig. Sie freut sich über Erfolge, am meisten freut sie sich aber über ihre gewonnene Freizeit. Sie kann sich verabreden, spielen, malen und tanzen, ohne den lästigen Gedanken im Kopf „Ich müsste noch für ... lernen".

Früher: Überhaupt keine Lust... Heute: Spass und Erfolg!

4.2. Lob motiviert

Schenken Sie Ihrem Kind Aufmerksamkeit und registrieren Sie Positives. Nicht eine gute Note ist ausschlaggebend, sondern dass Ihr Kind den Weg zum Erfolg kennt und geht. Loben Sie die Anstrengung und den bewussten Einsatz von Lernstrategien. Sie können hierzu einen Smilieplan als „Motivationsturbo" benutzen.

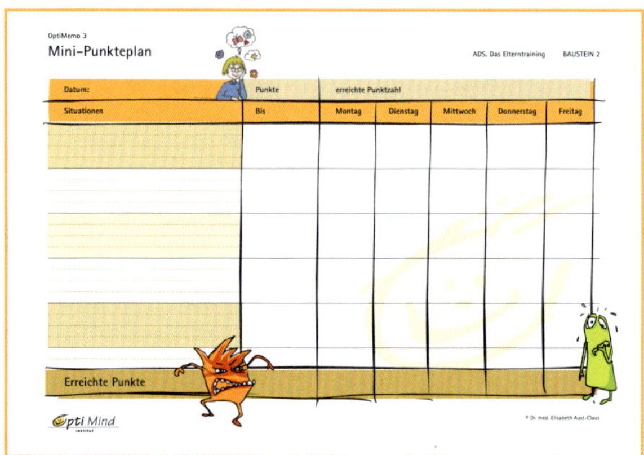

OptiMemo 3

Mini–Punkteplan

ADS. Das Elterntraining BAUSTEIN 2

Datum:	Punkte	erreichte Punktzahl				
Situationen	Bis	Montag	Dienstag	Mittwoch	Donnerstag	Freitag
Erreichte Punkte						

opti Mind

Max bekommt Smilies für:

- Hausaufgabenheft vollständig
- Hausaufgaben zur vereinbarten Zeit anfangen
- Diktat (Lernwörter) üben
- Ranzen nach Stundenplan packen

Machen Sie sich bewusst, dass Ihr ADS-Kind aufgrund seiner Aufmerksamkeitsstörung und mangelnden Impulsteuerung viel Kritik erfährt. Angemessenes Verhalten, Lernorganisation und freiwilliges Üben können Sie nicht als selbstverständlich voraussetzen. Dies sind Ziele, die durch Hilfen von Eltern und Therapeuten erreicht werden sollen. Jedes Kind wünscht sich Erfolge!

Registrieren Sie jeden richtigen Schritt zum Erfolg durch Lob. Anerkennung motiviert, das Gleiche wieder zu tun. Nur Kritik bei Fehlern und Schimpfen bewirken genau das Gegenteil: unerwünschtes Verhalten wird in der Wahrnehmung hervorgehoben und bleibt haften. Bieten Sie bei jedem Problem eine konkrete Lösung an und definieren das nächste kleine Etappenziel. Ihr Kind lernt dann, Schritt für Schritt das Richtige zu tun, um Erfolge zu erleben.

Auch Ihr ADS-Kind muss lernen, sich selbst zu loben und tolle persönliche Eigenschaften bei sich wahrzunehmen. Im ADS-Trainingsprogramm wird besonders darauf geachtet, dass nach Anwendung von Instruktionstechniken und der Überprüfung des Ergebnisses das Kind ein „Super gemacht!" einträgt. Es darf dann z.B. für sich einen Smilie ausmalen und in die Smilieschlange eintragen. So wird auch sichtbar, was man schon alles gut geschafft hat.

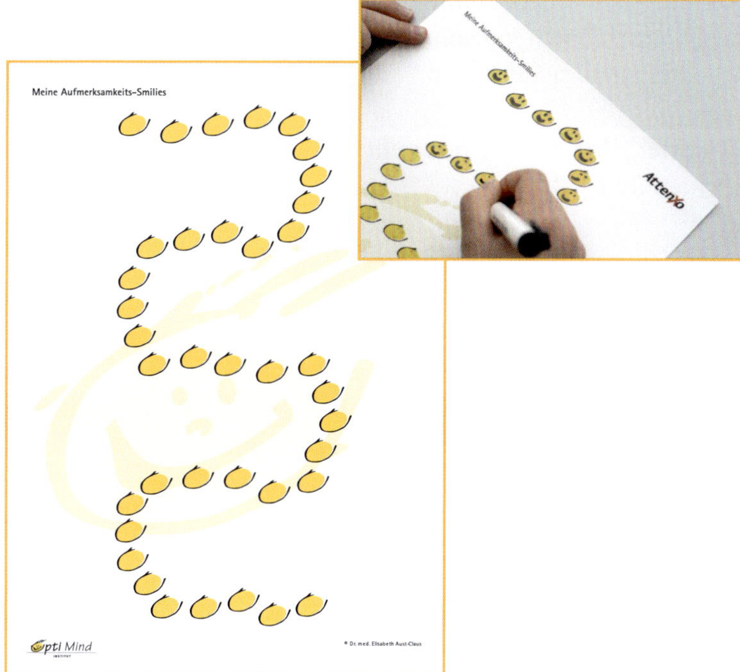

Eltern, die Anstrengung wichtig nehmen und Fehler „nur" als Information für weitere Hilfestellungen beim Lernen verstehen, lenken ihre Aufmerksamkeit vom Fehler weg auf erfolgversprechende Strategien. Ihr Kind lernt daraus: „Es ist nicht schlimm, Fehler zu machen. Ich kann daraus lernen!"
Fehler können angesprochen werden, aber Bestrafungen sind kontraproduktiv. Positive Kommentare, ein netter Blick und Lob für Anstrengung setzen Energien frei, sich gedanklich mit Korrekturen zu beschäftigen und gute Ergebnisse zu erzielen.

Wichtig zu wissen!

Ein Beispiel: Diktat üben – mit positiver und motivierender Lenkung

So besser nicht!

Mutter	Lenas Gedanken
Beim der Korrektur markiert die Mutter nur die Fehler und übersieht die richtig geschriebenen Wörter.	„Üben und Anstrengung bringen nichts, weil ich trotzdem nur Fehler mache."
„Du hast „kommen" schon wieder falsch geschrieben, obwohl wir schon zig mal geübt haben."	„Üben ist sinnlos, weil ich die Wörter wieder vergesse."
„7 Fehler! Und dies ist noch ein leichtes Diktat!"	„Ich bin dumm!"
„Jetzt üben wir schon ewig! Und immer noch Fehler!"	„Es ist hoffnungslos mit mir. Ich werde es nie lernen!"
„Kannst du jetzt nicht einmal endlich aufpassen! Ich habe auch keine Lust mehr, mit dir die Lernwörter zu üben!"	„Diktat üben macht nur Stress. Ich werde nicht gemocht, wenn ich Fehler mache."

So gelingt das Üben besser!

Mutter	Lenas Gedanken
Bei der Korrektur wird hinter jedes richtig geschriebene Wort ein Häkchen gemacht.	„Ich kann schon viele Wörter richtig schreiben. Anstrengung hilft."
Wörter, die für Lena schwierig sind und richtig geschrieben sind, werden durch Lob hervorgehoben: „Toll, dass du dir gemerkt hast, dass „Suppe" mit zwei „p" geschrieben wird.	„Super, ich habe schwierige Dinge richtig gemacht! Ich kann mir oft schon Wörter gut merken!"
„Du hast schon viele Wörter, die wir letzte Woche geübt haben, richtig geschrieben. Die Fehler werden immer weniger."	„Üben bringt Fortschritt."
Ich weiß, dass das Üben anstrengend ist. Dafür kannst du auch Smilies sammeln und sie für einen Kinobesuch einlösen.	„Meine Mutter versteht mich. Ich bekomme Zuwendung und eine Belohnung, wenn ich mich anstrenge."

Geld für gute Noten?

Bekommt Ihr Kind für gute Noten Geld? Wie oft mussten Sie in den letzen Monaten das Portemonnaie zücken? Wenn dies einmal passiert ist, hat Ihr Kind die nächste Klassenarbeit deshalb besser vorbereitet? Für manche ADS-Kinder bedeutet die gute Note zunächst: „Wunderbar. Dann brauche ich im Moment nichts weiter zu tun!" Sie reflektieren in der Regel nicht, wie und warum der Notenerfolg zu Stande gekommen ist. Genauso wenig analysieren sie Fehler bei der Vorbereitung, wenn das Ergebnis der Klassenarbeit wenig zufrieden stellend oder sie schlechte Noten bekommen.

Es kann auch sein, dass es für Ihr Kind unrealistisch ist, in der Deutscharbeit eine 2 zu bekommen, da neben der ADS-Problematik noch eine Lese-Rechtschreibschwäche besteht. Schauen Sie, welcher individuelle Fortschritt bei Ihrem Kind Lob und Anerkennung verdient. Auch kleine Fortschritte verdienen Belohnung, wenn z.B. bei der Kontrolle der Deutscharbeit schon konsequent eine Rechtschreibregel in der Überprüfung angewandt wird und Fehler in der Groß- und Kleinschreibung verbessert wurden. Kommentieren Sie dies: „Klasse gemacht. So hast du schon 6 Fehler selbst verbessern können!"

Euros als Verstärker für Lernmotivation? Meistens geht die Rechnung nicht auf. Setzen Sie lieber individuelle Maßstäbe und belohnen Sie mit gemeinsamen Unternehmungen, Kinogutschein oder der Erfüllung kleiner Wünsche. Erlebnisse bleiben als positive Erinnerungen besser im Gedächtnis haften und forcieren den Wunsch Ähnliches wieder zu erreichen. Geld macht für einen flüchtigen Moment ein nettes Gefühl.

Info!

Infos aus der Wissenschaft:

ADS und Lernmotivation:

Es gibt keine Motivation ohne Beziehung- diese Tatsache wurde auch in neurowissenschaftlichen Studien bestätigt. Beachtung, Zuwendung und ein gutes Selbstverständnis sind der größte Ansporn für Kinder, Leistungen zu zeigen.
Kinder wollen persönlich gesehen und wahrgenommen werden. Probleme müssen als Probleme analysiert werden und sollten nicht als Charaktereigenschaften kommentiert werden. Denken Sie besonders bei ADS-Kinder daran: Ein noch nicht gut kompensiertes ADS ist das Problem und nicht die Persönlichkeit Ihres Kindes! Ihr Kind leidet auch unter den Schwierigkeiten – es kann dies nicht immer adäquat verbalisieren. Vorwürfe oder Abwertung der Person regen nicht zum Ausprobieren von Lösungen an, sondern verstärken Probleme. Durch konkrete Hilfen werden Schwierigkeiten gemeistert.
Wissen Sie, dass Anerkennung und Sympathie im Gehirn die Ausschüttung eines „Glückscocktails" mit den Botenstoffen Dopamin, Opiode und Oxybzin bewirkt? So führen positive Erfahrungen zu einem guten Gefühl.

4.3. Ziele setzen und erreichen – Erfolge lassen sich planen

Es ist nützlich zwischen Visionen und Zielen zu unterscheiden.

Visionen beschreiben das „Land der Zukunft", für das sich ein Einsatz lohnt. Visionen sind Träume, fördern die Motivation und tragen über Hindernisse hinweg. Allerdings liegen Visionen meist weit in der Zukunft. Ihre Tochter möchte vielleicht eine berühmte Schauspielerin werden. Oder Ihr Sohn ein Profi-Fußballspieler, der viele Millionen Euros verdient. Andere Kinder möchten Forscher werden und die Welt mit ihren tollen Ideen verändern. Die Realisierung kann nur über viele Zwischenschritte erreicht werden. Wie Sie wissen, können sich besonders ADS-Kinder nicht gut für langfristige, nicht sofort erfahrbare Visionen im alltäglichen Handeln motivieren. Sie reagieren im Moment und lassen sich von momentanen Lustgedanken leiten. Es kann dann passieren, dass man Ideen schnell wieder aus dem Auge verliert. Die Lösung: realistische Etappenziele formulieren, dann hat Ihr ADS-Kind eine gute Orientierung und Frustrationen werden verhindert.

Ziele sollen machbar und erreichbar sein. Sie werden klar definiert und konkrete Handlungsschritte überlegt.

Aus der Wissenschaft:

Info!

Einer der obersten Level in der Persönlichkeitsentwicklung ist, sich selbst Ziele zu setzen und sie sich zu erarbeiten. Ziele steuern unser Verhalten auf vielen Ebenen. Sie beeinflussen, worauf wir unsere Aufmerksamkeit richten, was wir wahrnehmen und was wir uns merken. Sie beeinflussen unbewusstes und bewusstes Verhalten.
Da Ziele eng mit Lob, Zuwendung und Interesse einer Bezugsperson verbunden sind, sollten diese Komponenten nie auf Null sinken. Selbst Erwachsene benötigen Lob und Anerkennung, um auf Dauer eine hohe Leistungsbereitschaft beizubehalten.
Eltern sollten ihr Kind auch bei kleinen Schritten zum Ziel loben. Sie sollten herausstellen, was es kann, und nicht das, was es nicht kann. Dies fördert nicht nur die Anstrengungsbereitschaft, sondern trägt auch zur Persönlichkeitsentwicklung bei. Kinder entwickeln dadurch mehr Zutrauen zu ihren eigenen Fähigkeiten und werden weitere Herausforderungen angehen.
Ein Belohnungssystem funktioniert am besten, wenn der Abstand zwischen Belohnung und Anstrengung zunächst klein ist. Positive Erfahrungen führen dann dazu, dass das eigene Tun immer besser selbst reguliert werden kann.
Helfen Sie Ihrem Kind, Erfolge und Glücksmomente zu erleben.

Ziele sind der Motor für motiviertes Lernen. Das Erreichen von Zielen bringt Glücksgefühle.

Wenig hilfreich ist,

- Lernziele allgemein zu formulieren, wie „Ich muss mehr für Englisch tun und im Sommer meine 5 in Mathe wegbekommen!"
- Ziele negativ zu formulieren, wie „Im nächsten Zeugnis möchte ich keine 4 mehr sehen!" oder „Ich schreibe keine schlechte Note mehr in Deutsch!"
- Einschränkende Wörter benutzen, wie „Vielleicht sollte ich mehr Vokabeln lernen!"
- Belohnungen erst in vielen Monaten versprechen, wie „Du bekommst ein Handy, wenn du nicht sitzen bleibst."
- Enttäuschungen zu verallgemeinern, wie „Du bist einfach zu faul, so kann das nichts werden!"
- Vorsicht vor Vergleichen! „Deine Schwester hat immer..." oder „Markus lernt auch nicht für..."
- Allgemeine Appelle an die Vernunft, wie „Du willst doch bestimmt kein Müllarbeiter werden, also musst du dich anstrengen und gut in der Schule sein!"

Tipps für Ziele zu definieren und Erfolge zu registrieren:

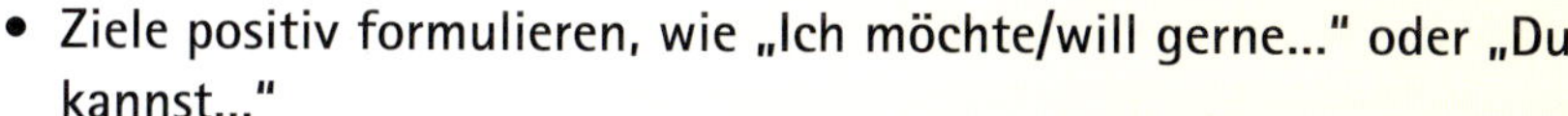

- Ziele positiv formulieren, wie „Ich möchte/will gerne..." oder „Du kannst..."
- Kleine Ziele mit konkretem Zeitpunkt schriftlich festlegen und das Erreichen belohnen.
- Das Hier und Jetzt ist entscheidend: „Was macht du jetzt anders?"
- So spezifisch wie möglich: „Was machst du ganz genau, wie sieht dein Plan aus?"
- Rolle als Regisseur seiner Ziele übernehmen: „Was kannst du persönlich tun?"
- Fortschritte und kleine Schritte zum Ziel registrieren und feiern!
- Sicherheit ist wichtig: „Welche Kontrolle installierst du für das Erreichen von Teilzielen? Oder: „Wer darf dir dabei helfen und dich vor dem Test abfragen?"
- Wodurch merkt man, dass schon ein Ziel erreicht ist? „Hast du ein Lob bekommen für...?" Oder: „Hast du zu allen Fragen in der Arbeit eine Lösungsidee gehabt?"

Weitere Hilfen für Sie:

Auf unserer Homepage www.opti-mind.de finden Sie
- Infos zu dem Aufmerksamkeitsdefizitsyndrom (ADS) in allen Altersstufen
- Vorlagen, Checklisten und Pläne zum kostenlosen Downloaden
- Adressen von Fachleuten, die das ADS-Elterntraining durchführen
- Fortbildungsseminare

Veröffentlichungen und Ratgeber auf www.opti-mind.de zum Bestellen:

Zum ADS-Elterntraining:
Für Eltern:

ADS. Eltern als Coach – Ein praktisches workbook **ISBN 978-3-937003-01-6**

ADS. Eltern als Coach – Die DVD zum ADS-Elterntraining **ISBN 978-3-937003-02-3**

Zur Unterstützung des ADS-Kindes:
Für ADS-Kinder, Eltern und Pädagogen/Therapeuten:

ADS.TopFit beim Lernen – Bedienungsanleitung für dein Gehirn/Lernstrategien **ISBN 978-3-937003-00-9**

ADS aus Sicht der Kinder – Multimedia-Seminar auf CD-ROM **ISBN 978-3-937003-05-4**

ADS und Lernprobleme – Multimedia-Seminar auf CD-ROM **ISBN 978-3-937003-06-1**

Die CD-ROM „ADS aus Sicht der Kinder" sowie „ADS und Lernprobleme" wurden 2007 beide von der Gesellschaft für Pädagogik und Information e.V. (GPI) mit dem begehrten Comenius EduMedia Siegel ausgezeichnet.

Materialien für das Aufmerksamkeits- und Wahrnehmungstraining für die Eltern und das Kind

Opti-Training - Das Buch: Aufmerksamkeits- und Wahrnehmungsprogramm für Kinder - **ELTERNVERSION** mit multimedialer Schulung und Materialien auf CD-Rom
Von: Dr. E. Aust-Claus und Dr.dipl.-psych. P.-M. Hammer Unkonzentriert? Hektisch und zu sprunghaft?
ISBN 978-3-937003-11-5 (Auch als E-Book ISBN 978-3-937003-13-9)

Opti-Training - Das Buch: Aufmerksamkeits- und Wahrnehmungsprogramm für Kinder - **THERAPEUTENVERSION** mit multimedialer Schulung und Materialien auf CD-Rom
Von: Dr. Elisabeth Aust-Claus, Dr. Petra-Marina Hammer Das Opti-Training-Therapieprogrammin der Therapeutenversion
ISBN: 978-3-937003-12-2 (Auch als E-Book ISBN: 978-3-937003-14-6)

Ausführliche Informationen zu den Veröffentlichungen finden Sie auf unserer Homepage oder Sie können ein Prospekt bei uns anfordern per Mail info@optimind-media.de oder per Fax: 0611-1851768